职业教育改革创新教材

Qiche Zhidong Xitong Weixiu
汽车制动系统维修

(第2版)

谢伟钢　韩　鑫　主　　编
田松文　武光华　副 主 编
　　　　朱　军　丛书总主审

人民交通出版社股份有限公司
北　京

内 容 提 要

本书是职业教育改革创新教材之一,其主要内容包括:制动踏板位置的检查和调整、制动液的检查和更换、制动器的维护、制动跑偏故障的诊断与排除、驻车制动系统的检查和调整、ABS警告灯点亮的检修、ESP警告灯点亮的检修。

本书可作为职业院校汽车运用与维修专业的教材,也可供汽车维修及相关技术人员参考阅读。

图书在版编目(CIP)数据

汽车制动系统维修/谢伟钢,韩鑫主编. —2版. —北京:人民交通出版社股份有限公司,2021.1(2025.7重印)
ISBN 978-7-114-16885-7

Ⅰ.①汽… Ⅱ.①谢…②韩… Ⅲ.①汽车—制动装置—车辆修理—高等职业教育—教材 Ⅳ.①U472.41

中国版本图书馆 CIP 数据核字(2020)第 194279 号

职业教育改革创新教材

书　　名:	汽车制动系统维修(第2版)
著 作 者:	谢伟钢　韩　鑫
责任编辑:	侯力文
责任校对:	孙国靖　龙　雪
责任印制:	张　凯
出版发行:	人民交通出版社股份有限公司
地　　址:	(100011)北京市朝阳区安定门外外馆斜街3号
网　　址:	http://www.ccpcl.com.cn
销售电话:	(010)85285911
总 经 销:	人民交通出版社股份有限公司发行部
经　　销:	各地新华书店
印　　刷:	北京科印技术咨询服务有限公司数码印刷分部
开　　本:	787×1092　1/16
印　　张:	10.5
字　　数:	214千
版　　次:	2011年8月　第1版 2021年1月　第2版
印　　次:	2025年7月　第2版　第2次印刷　累计第7次印刷
书　　号:	ISBN 978-7-114-16885-7
定　　价:	27.00元

(有印刷、装订质量问题的图书由本公司负责调换)

职业教育改革创新教材编委会

（排名不分先后）

主　　任：刘建平(广州市交通运输职业学校)
　　　　　杨丽萍(阳江市第一职业技术学校)

副 主 任：黄关山(珠海城市职业技术学院)　　周志伟(深圳市宝安职业技术学校)
　　　　　邱今胜(深圳信息职业技术学院)　　朱小东(中山市沙溪理工学校)
　　　　　侯文胜(顺德职业技术学院)　　　　韩彦明(佛山市华材职业技术学校)
　　　　　庞柳军(广州市交通运输职业学校)　程和勋(中山市中等专业学校)
　　　　　冯　津(广州合赢教学设备有限公司)邱先贵(广东文舟图书发行有限公司)

委　　员：谢伟钢、赵镇武、孟婕、曾艳(深圳市龙岗职业技术学校)
　　　　　李博成(深圳市宝安职业技术学校)
　　　　　罗雷鸣、陈根元、马征(惠州工业科技学校)
　　　　　邱勇胜、何向东(清远市职业技术学校)
　　　　　李洪泳(江门市新会机电职业技术学校)
　　　　　刘武英、陈德磊、阮威雄、江珠(阳江市第一职业技术学校)
　　　　　苏小举、孙永江、李爱民(珠海市理工职业技术学校)
　　　　　陈凡主(中山市沙溪理工学校)
　　　　　刘小兵(广东省轻工高级职业技术学校)
　　　　　许志丹、谭智男、陈东海、任丽(佛山市华材职业技术学校)
　　　　　欧阳可良、马涛(佛山市顺德区中等专业学校)
　　　　　周德新、张水珍(河源理工学校)
　　　　　谢立梁(广州市番禺工贸职业技术学校)
　　　　　范海飞、闫勇(广东省普宁职业技术学校)
　　　　　温巧玉(广州市白云行知职业技术学校)
　　　　　冯永亮、巫益平(佛山市顺德区郑敬诒职业技术学校)
　　　　　王远明、郑新强(东莞理工学校)
　　　　　程树青(惠州商业学校)
　　　　　高灵聪(广州市信息工程职业学校)
　　　　　黄宇林、邓津海(广东省理工职业技术学校)
　　　　　张江生(湛江机电学校)
　　　　　任家扬(中山市中等专业学校)
　　　　　邹胜聪(深圳市第二职业技术学校)

丛书总主审：朱　军

第2版前言
PREFACE TO THE SECOND EDITION

"十二五"期间,人民交通出版社以职教专家、行业专家、学校教师、出版社编辑"四结合"的模式开发出了"职业教育改革创新示范教材",受到广大职业院校师生的欢迎。

为了紧跟汽车行业发展趋势,更好地适应汽车类专业实际教学需求,2019年12月,人民交通出版社股份有限公司吸收教材使用院校教师的意见和建议,组织相关老师,对已出版的"职业教育改革创新示范教材"再次进行了全面修订,对个别不能完全适应学校教学的教材进行了重新整合,更新了教材内容,并对教材中的错漏之处进行了修正。

该套教材将先进的教学内容、教学方法与教学手段有效地结合起来,形成课本、课件(部分课程配)和数字资源(部分课程配)三位一体的立体教学模式。

《汽车制动系统维修》是其中一本,此次修订工作主要做了如下修改:删除了所有学习任务中的"学习拓展""维修笔记";删除了"学习任务一"中制动力分配调节的相关内容;删除了"学习任务三"中维护气压式制动系统鼓式制动器的相关内容;在"学习任务五"中增加了检查电控驻车制动系统的内容;更新了书中部分图片;更新了相关技术标准和法规;对文字的表述进行了调整和修改,使之更加准确和规范;配套的电子课件也进行了修订。在部分知识点处配有二维码链接动画资源,有助于学生更形象地理解相关内容。

本书由深圳市龙岗职业技术学校谢伟钢、山东省烟台汽车工程职业学院韩鑫担任主编,河南工业职业技术学院田松文、吉林工程技术师范学院武光华担任副主编。其具体分工如下:学习任务一、学习任务二由谢伟钢完成,学习任务三、学习任务四由韩鑫完成,学习任务五、学习任务七由田松文完成,学习任务六由武光华完成。深圳市龙岗职业技术学校林强、王露、付仁山、刘海艳等老师为本书的编写提供很多宝贵意见,在此表示感谢。

限于编者的经历和水平,书中难免有不妥或错误之处,敬请广大读者批评指正,提出修改意见和建议,以便重印或再版时改正。

职业教育改革创新教材编委会
2020年5月

目录 CONTENTS

学习任务一　制动踏板位置的检查和调整 …………………………… 1
学习任务二　制动液的检查和更换 …………………………………… 31
学习任务三　制动器的维护 …………………………………………… 45
学习任务四　制动跑偏故障的诊断与排除 …………………………… 73
学习任务五　驻车制动系统的检查和调整 …………………………… 84
学习任务六　ABS 警告灯点亮的检修 ………………………………… 99
学习任务七　ESP 警告灯点亮的检修 ………………………………… 140
参考文献 ………………………………………………………………… 162

学习任务一
制动踏板位置的检查和调整

学习目标

完成本学习任务后,你应当能达到以下目标。

◎ **知识目标**
1. 叙述液压式、气压式制动系统的组成、作用和工作原理;
2. 叙述真空助力器的作用和工作原理;
3. 向驾驶人讲述如何正确使用制动系统。

◎ **能力目标**
1. 规范地检查真空助力器;
2. 查找维修手册,检查制动主缸。

◎ **素养目标**
1. 能认识到基础知识的重要性;
2. 养成写维修笔记的好习惯。

 建议完成本学习任务的时间为 12 课时。

 学习任务描述

一辆卡罗拉 1.6L 轿车,车主要求对整车进行维护。在对制动系统维护时发现制动踏板自由行程过大,需要你对制动踏板进行调整。

学习内容

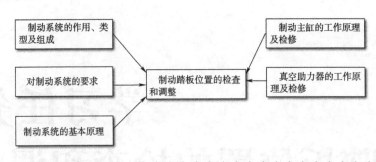

一、资料收集

引导问题1 汽车制动系统的作用是什么？制动系统由哪些部分组成？有哪些类型？

汽车制动系统使行驶车辆逐步减速或停车，或使已经停驶的车辆保持静止状态的零部件组合。制动系统包括制动踏板、真空助力器、制动主缸、制动管、制动器等元件，其组成如图 1-1 所示。

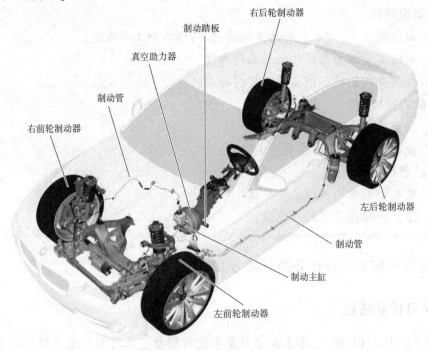

图 1-1 制动系统的组成

近年来,为了得到良好的制动性能,减少交通事故的发生,大多数汽车都装有防抱死制动系统(Antilock Braking System,ABS)。

制动系统按作用可将其划分为:行车制动系统、驻车制动系统、第二制动系统和辅助制动系统。行车制动系统的作用是使运动中的汽车按照驾驶人的要求进行强制减速或停车;驻车制动系统的作用是使已停驶的汽车驻留原地不动;第二制动系统的作用是在行车制动系统失效的情况下,保证汽车仍能实现减速或停车;辅助制动系统的作用是使机动车即使在没有驾驶人的情况下,也能可靠停在上、下坡道上。常用辅助制动系统有气压制动系统、液压制动系统、电涡流制动系统。一般轿车上很少采用辅助制动系统。

汽车制动系统由传动装置和制动器两部分组成。传动装置是指把驾驶人手拉制动拉杆或脚踩制动踏板产生的制动力传递到制动器的装置,包括制动主缸、制动管等。根据传动装置传力的方式,制动传动机构可分为机械式传动装置、液压式传动装置和气压式传动装置等,机械式传动装置一般仅用于驻车制动系统。制动器是产生制动力的部件,包括前轮制动器及后轮制动器等。汽车上常使用摩擦制动器,它是利用固定元件与旋转元件工作表面的摩擦作用而产生制动力矩。如图1-2所示,摩擦副中旋转元件是由金属制成的圆形制动盘,且制动盘的端面为工作面的制动器称为盘式制动器;如图1-3所示,摩擦副中旋转元件是制动鼓,且制动鼓的内圆柱面为工作面的制动器称为鼓式制动器。一般来说经济型轿车前轮通常采用盘式制动器,后轮采用盘式或鼓式制动器。

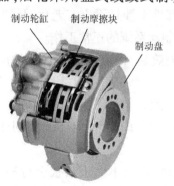

图1-2 盘式制动器

图1-3 鼓式制动器

引导问题2 对制动系统有何要求?

汽车行驶时能在短距离内停车且维持行驶方向稳定性和在长下坡时能维持一定车速的能力,称为汽车的制动性。为了保证汽车的技术性能得到充分发挥,保证汽车高速安全行车,汽车的制动系统应具有良好的制动性。

1 制动性能的体现

良好的制动性能包括：制动效能、制动效能的恒定性及制动时汽车的方向稳定性。

制动效能是指汽车迅速减速直至停车的能力，常用制动过程中的制动减速度和制动距离来评价。汽车的制动效能除和汽车技术状况有关外，还与汽车制动时的速度以及轮胎和路面的情况有关。

在短时间内连续制动后，制动器温度升高导致制动效能的下降称为制动器的热衰退；连续制动后制动效能的稳定程度称为制动效能的恒定性。

制动时汽车的方向稳定性是指汽车在制动过程中不发生跑偏、侧滑和失去转向的能力。当汽车左右侧制动力不相等时，容易发生跑偏；当车轮"抱死"时，易发生侧滑或者失去转向能力。为防止上述现象发生，现代汽车设有电控防抱死制动系统（ABS），防止紧急制动时车轮抱死而发生危险。

2 国家标准对制动系统的要求

为保证机动车运行安全，《机动车运行安全技术条件》（GB 7258—2017）对制动系统做了详细的规定，举例如下：

（1）制动管路应为专用的耐腐蚀的高压管路，安装应保证具有良好的连续功能、足够的长度和柔性，以适应与之相连接的零件所需要的正常运动，而不致造成损坏；制动管路应有适当的安全防护，以避免擦伤、缠绕或其他机械损伤，同时应避免安装在可能与机动车排气管或任何高温源接触的地方。制动软管不应与其他部件干涉且不应有老化、开裂、被压扁、鼓包等现象。其他气动装置在出现故障时不应影响制动系统的正常工作。

（2）采用助力制动的行车制动系统，当助力装置失效后，仍应能保持规定的应急制动性能。

（3）制动踏板的自由行程应与该车型的技术要求一致。

（4）行车制动产生最大制动效能时的踏板力，对于乘用车应不大于500N，对于其他机动车应不大于700N。

（5）液压行车制动在达到规定的制动效能时，踏板行程应不大于踏板全行程（在无制动液状态下制动踏板从完全释放状态到不能踩动的行程）的3/4，制动器装有自动调整间隙装置的机动车踏板行程应不大于踏板全行程的4/5，且乘用车的踏板行程应不大于120mm，其他机动车应不大于150mm。

（6）驻车制动应通过纯机械装置把工作部件锁止，并且驾驶人施加操纵装置上的力：手操纵时，乘用车应不大于400N，其他机动车应不大于600N；脚操纵时，乘用车应不大于500N，其他机动车应不大于700N。

（7）驻车制动的控制装置的安装位置应适当，其操纵装置应有足够的储备行程（开关类操作装置除外），一般应在操纵装置全行程的2/3以内产生规定的制动效能；驻车制动机构装有自动调节装置时允许在全行程的3/4以内达到规定的制动效能。

（8）乘用车制动距离和制动稳定性要求：以50km/h的制动初速度，在2.5m宽度的试验通道上，满载检验制动距离要小于或等于20m，空载检验制动距离要小于或等于19m。

（9）在空载状态下，驻车制动装置应能保证机动车在坡度为20%（对总质量为整备质量的1.2倍以下的机动车为15%）、轮胎与路面间的附着系数不小于0.7的坡道上正、反两个方向保持固定不动，时间应大于等于2min。

引导问题3　制动系统是如何工作的？

1 行车制动系统的基本原理

1 液压式行车制动系统的基本原理

汽车行驶时，即便传动系统断开了发动机动力，但由于惯性作用，移动的车辆还是具有一定的动能，不能立即停车。行车制动系统的制动器使移动的车辆具有的动能转换为热能，使车辆停止，它是通过将固定物体按压到转动物体上施加制动力矩，利用两个物体之间的摩擦使旋转物体角速度降低，同时依靠车轮与地面的附着作用，产生路面对车轮的制动力，该制动力由车轮通过悬架系统传给车身，迫使汽车减速以致停车。

（1）液压式行车制动系统的组成。液压式行车制动系统的组成如图1-4所示，它包括制动主缸、制动油管、制动轮缸、制动踏板机构、制动鼓（或制动盘）等。

制动主缸是将制动踏板输入的机械能转化成液压能输出的部件，它包括一个储存制动液的储液罐和一个可产生油压的制动缸。制动油管由金属管路和橡胶软管组成，其作用是连接制动主缸和制动轮缸，传递液压能，在车轮相对车架的位置变化时提供补偿量。制动轮缸用于将制动管输入的液压能转化为机械能，制动轮缸比制动主缸的缸径要小，故能获得一个放大的力。制动器内固定元件为制动

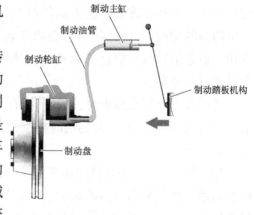

图1-4　液压式行车制动系统的组成

摩擦片，与车轮一起旋转的旋转元件为制动鼓（或制动盘），制动摩擦片和制动鼓（或制动盘）发生接触可形成摩擦力矩使车辆减速或停车。

（2）液压式行车制动系统的工作过程。如图1-5所示，以鼓式车轮制动器为例，驾驶人踩下制动踏板后，推杆推动制动主缸活塞，制动主缸将产生液压能输出。制动液受压后经油管进入制动轮缸。

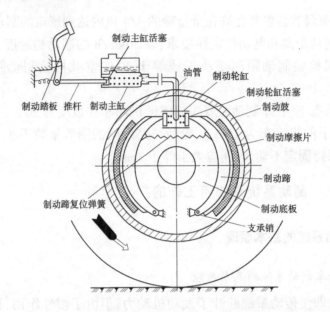

图1-5 鼓式车轮制动器制动系统工作原理

制动轮缸活塞在制动液压力作用下克服弹簧拉力推动制动蹄,制动蹄受力后绕支承销转动,上端向外张开,消除制动鼓与制动蹄之间的间隙后压紧在制动鼓上。这样不旋转的制动摩擦片对旋转的制动鼓就产生一个摩擦力矩,其方向与车轮的旋转方向相反,其大小取决于制动轮缸活塞的张开力、制动蹄摩擦片与制动鼓间的摩擦因数及摩擦面积大小。制动鼓将该摩擦力矩传给车轮后,车轮由于其与路面的附着作用而给路面一个向前的切向力,同时路面也会给车轮一个大小相等、方向相反的向后的作用力,该作用力就是阻碍汽车前进的制动力。该制动力由车轮通过悬架系统传给车身,迫使汽车减速以至停车。

驾驶人松开制动踏板时,制动踏板在复位弹簧作用下带动推杆复位,解除了制动油液上的压力,制动油液按与制动时相反的方向回流。在复位弹簧的作用力下,制动蹄回到初始位置。

(3)液压制动传动装置的布置形式。目前,《机动车运行安全技术条件》要求汽车液压制动系统必须采用双回路制动系统,双回路制动系统可以在一侧回路失效时,仍能提供部分制动力。液压制动传动装置布置形式通常是按车桥或车轮划分。一般包括:前、后轴布置,对角布置和双回路布置3种。

①如图1-6a)所示,前、后轴布置的液压制动系统由双腔主缸通过两套独立管路分别控制车轮制动器。也就是前轮制动器是在来自制动主缸的一个回路,而后轮制动器是来自制动主缸的另一个回路。当一套管路失效时,另一套管路仍能保持一定的制动效能。但前后桥制动力的分配比值被改变,所以制动效能低于正常时的50%。这种布置常用于发动机前置、后轮驱动的车辆。

②对角布置又称 X 型布置,如图 1-6b)所示,这种布置形式中,双腔制动主缸前、后腔通过各自的管路分别控制前后桥对角车轮的制动器。这种布置一般用于对前轮制动力依赖性较大的发动机前置、前轮驱动的汽车。此类汽车前轮负荷偏重,前轮应有更大的制动力,用前、后轴布置时,如果前轮制动失灵,后轮制动力会不足。

当任一制动管路失效时,前、后轴制动力分配比值保持不变,所以剩余的总制动力能保持在正常总制动力的 50%。

③双回路布置方式只适用于一个制动器具有两个轮缸的汽车,如图 1-6c)所示,其制动主缸前、后腔通过各自的管路分别控制各个车轮制动器的一个制动轮缸。当一套制动管路失效时,另一套制动管路仍能使前、后制动器保持一定的制动效能,制动效能为正常时的 50%。

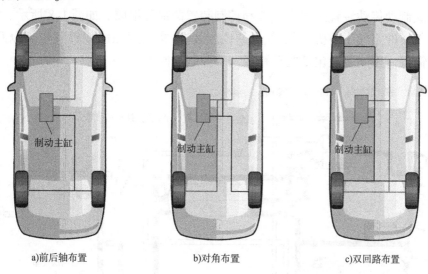

a)前后轴布置　　　　　　b)对角布置　　　　　　c)双回路布置

图 1-6　液压传动装置的布置形式

❷ 气压式行车制动系统的基本原理

气压式行车制动系统一般用于载货汽车和大型客车,它属于利用压缩空气作动力源的动力式制动装置。驾驶人只需要按不同的制动强度要求,控制制动踏板的行程,便可获得所需要的制动强度。气压式制动系统的制动踏板行程小、操纵省力。但是其需要消耗发动机的动力,制动粗暴,结构复杂而且制动反应较液压制动系统慢,所以轿车上一般不采用气压式制动系统。气压式制动传动装置一般采用双回路布置,这种回路布置,当其中一个回路发生故障失效时,另一个回路仍能继续工作,从而提高了汽车行驶的安全性。

气压式制动系统工作原理如图 1-7 所示,制动踏板通过制动控制阀和管路来控制通往制动气室的高压空气。制动气室在高压空气的作用下可以推动凸轮转动一个角度,凸轮推动制动蹄压向制动鼓进行制动。

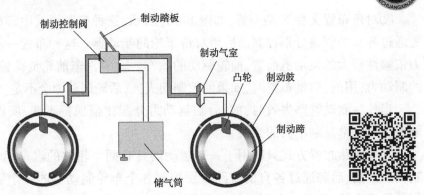

图1-7 气压式制动系统工作原理图

气压式制动传动装置主要由气源和控制装置两部分组成。如图1-8所示，气源部分包括建立气压的空气压缩机、调节气压的调压装置、指示气压的双针气压表以及储存气压的储气筒等。控制装置包括制动踏板及双腔制动阀等。

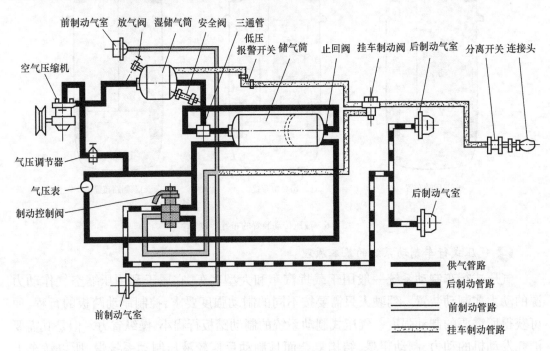

图1-8 气压式制动系统的组成

空气压缩机一般固定在发动机的一侧，发动机通过传动带带动空气压缩机运转，使空气压缩机产生压缩空气。空气压缩机的工作原理都与发动机类似，不过空气压缩机只有吸气和排气行程。当储气筒的气压达到规定值后，空气压缩机不再泵气。气压调节器的作用是让储气筒的压缩空气的压力保持在规定范围（700～740kPa）内，当压力超过规定值时，让空气压缩机卸荷空转，减少发动机消耗。

制动控制阀控制储气筒和制动气室或制动气室和大气的导通,并有渐进变化的随动作用,即让踏板行程与制动气室的气压有一定的比例关系,使驾驶人制动时有"脚感"。储气筒上有放水阀,可放出储气筒中的水分。

压缩空气通过湿储气筒前止回阀输入湿储气筒进行油水分离之后,经空气管路分别输送前桥储气筒和后桥储气筒,以及与储气筒相连的空气管路,最后在储气筒中储存。不制动时,前制动气室经双腔制动阀与大气相通,后制动气室经快放阀与大气相通,与来自储气罐的压缩空气隔绝,因此,所有车轮制动器均不制动。制动时,制动踏板操纵双腔制动阀,双腔制动阀切断各制动气室与大气的通道,接通与压缩空气的通道。于是两个储气筒便各自独立地经双腔制动阀向前、后制动气室供气,促动前、后制动器产生制动。

气压式制动系统大都采用凸轮促动式车轮制动器。气压式制动器的结构如图1-9所示。前、后制动蹄下端用偏心支承销支承,两制动蹄上端在复位弹簧的拉紧作用下紧靠制动凸轮上。凸轮轴通过蜗轮蜗杆结构与制动调整臂连接,制动调整臂与制动气室推杆相连。

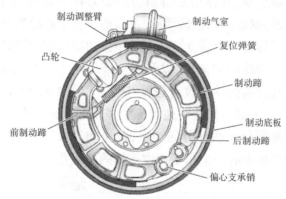

图1-9　气压式制动器

制动时,制动气室推杆在气压的作用下推动制动调整臂转动,进而带动凸轮转动。凸轮推动制动蹄将制动摩擦片压紧在制动鼓上,从而产生制动作用。凸轮式制动器通常通过偏心支承销和制动调整臂来进行调整。

2 驻车制动系统的基本原理

按驻车制动器在汽车上安装位置的不同,驻车制动系统分中央驻车制动系统和车轮驻车制动系统。中央驻车制动系统的制动器安装在变速器输出轴上,称为中央制动器;车轮驻车制动系统通常和后轮行车制动装置共用一套制动器,如图1-10所示。驻车制动器同样也可以分为盘式和鼓式。

中央驻车制动系统和车轮驻车制动系统的工作原理类似,驻车制动时,拉索或拉杆将驾驶人操纵驻车制动拉杆的力传到制动器,制动器的制动蹄压紧制动鼓或制动盘,从而实现驻车。

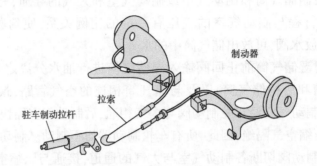

图 1-10　车轮驻车制动系统

引导问题 4　制动主缸是如何工作的？怎样对制动主缸进行检修？

1 制动主缸的工作原理

制动主缸又称制动总泵，其作用是将制动踏板力转变为液压压力。对采用简单制动主缸的制动系统来说，制动液的任何泄漏，都会造成整个系统失效。为减少这种危险，目前汽车大部分采用了具有两套独立液压制动系统的串联双腔制动主缸。

制动主缸由储存制动液的储液罐，以及产生液压压力的活塞和缸体等组成。储液罐可在温度波动时为制动液的体积改变进行补偿。如图 1-11 所示，串联双腔主缸右边与真空助力器推杆连接，上部与储液罐连接。大多制动主缸只有一个储液罐，有些储液罐中的一块隔板将储液罐分成两部分的油室，防止制动液通过某个不密封的制动回路完全泄漏。储液罐的盖板中有一个用于压力平衡的通风孔。

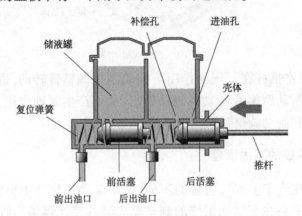

图 1-11　制动主缸的工作原理

如图 1-12 所示，串联双腔制动主缸内有一个前活塞和一个后活塞，前活塞前后由复位弹簧支承，保持弹簧的区域作为压力室。限位螺钉限制前活塞的行程，但不妨碍制动液的补充。制动主缸的每个腔都有进油孔、补偿孔和出油孔。

学习任务一　制动踏板位置的检查和调整

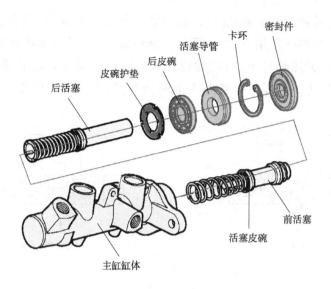

图1-12　制动主缸装配图

不制动时,活塞头部与皮碗应正好在补偿孔和旁通孔之间。当因泄漏或气温变化引起活塞包围的腔和主缸腔的制动液收缩和膨胀时,可通过这两个孔维持平衡。制动时,制动踏板推动推杆活塞和皮碗,前、后活塞皮碗几乎同时关闭旁通孔。制动主缸内的液压开始建立,克服弹簧力后将制动液经制动管路送到制动轮缸。

当松开制动踏板时,踏板机构、制动主缸活塞、制动轮缸活塞在各自的复位弹簧作用下复位。油液流动较慢会在腔内形成真空,进而影响制动液的复位速度。为了避免由于活塞返回太快,产生真空区的问题,有些活塞上有一些起到止回阀作用的小孔,可以使制动液的流动更加迅速,如图1-13所示。制动时,活塞皮碗受弹簧压力而关闭活塞上的小孔,制动液不能经过小孔。松开制

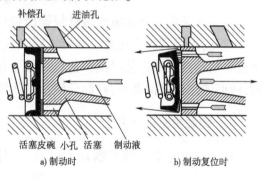

图1-13　制动主缸活塞小孔

动踏板时,由于压差的作用,油液流过止回阀来补偿真空,一旦活塞皮碗越过旁通孔,原先已由制动主缸压到制动轮缸去的油液会重新流到主缸时,过多的油液从补偿孔流回储液罐。

制动主缸侧面两孔分别与两条对角管路连通,将整个制动系统分成两个独立的系统。如果一个管路出现故障不能工作,另一管路仍能继续工作,这样可防止部分制动管路或元件偶然发生故障时造成整个制动系统的功能丧失,从而使汽车具有双重安全性。

当前腔管路失效时,如图1-14所示,此时在推杆作用下,尽管后活塞关闭了进油孔,但由于前腔泄漏而不能形成压阻,因而后腔也不能迅速建立油压。但当前活塞被推至

主缸左端底部时,若继续踩下制动踏板,使后活塞继续向左推进,则后腔可以建立油压。后腔管路失效时,在推杆作用下,由于后腔不能形成压阻,后活塞将被推至左端,顶靠在前活塞右端的钢板冲压垫片上。若继续踩下制动踏板,则前活塞可继续向左推进并在前腔管路中建立压力。当任一个管路失效时,制动踏板自由行程要比正常的制动踏板自由行程长。

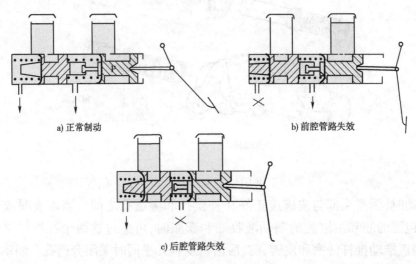

图 1-14 双腔制动主缸工作原理

大多汽车配有制动液面过低报警信号灯,一旦储液罐内制动液液面过低,信号灯会自动点亮,提醒驾驶人注意。在储液罐上安装一个开关型制动液液面传感器,该传感器是控制制动液液面过低时报警信号灯是否接通的。在制动液液面比储液罐"MIN"线高时,液面传感器保持断开;在制动液液面比储液罐"MIN"线低时,液面传感器保持接通。

2 制动主缸的拆装

从真空助力器上拆下制动主缸前,确保释放真空助力器真空,再按以下顺序进行拆卸:

(1)拔下储液罐盖子,抽出制动液。
(2)拔下储液罐上线束插接件。
(3)从制动主缸上拆下制动液管路,并用塞子或胶带堵住各连接管的出口和主缸的出口。

从制动主缸上拆下制动管路时,为了防止制动液溅洒,要用毛巾或抹布包住。要小心不要造成制动管路弯曲或损坏,否则在装配时会比较困难。

(4)拧下制动主缸的两个安装螺母,然后将制动主缸从真空助力器上卸下取出。

安装时,按与拆卸相反的顺序进行。但需要注意下列事项:安装时应小心,不要造成制动液压管路弯曲或损坏;制动主缸安装后,应对制动踏板的行程进行检查,并视需要调整;加注制动液,并给制动系统排气。

3 制动主缸的检修

制动主缸是液压式制动系统的主要组成部分,其技术状态的好坏,直接影响汽车的制动效能。因此,对制动主缸应进行合理的维护和检查。

制动主缸内部常见的损坏是活塞皮碗磨损,其磨损以后造成的常见现象是制动液回流,即踩下制动踏板后,制动轮缸的压力不能保持,制动液不受控制流回主缸,造成制动踏板下沉。

① 判断制动主缸是否有故障的方法

(1)起动发动机并运行到正常温度;在转向盘底部贴上一片画有水平参考线的胶纸;踩下制动踏板,测量制动踏板和胶纸水平参考线的距离;保持踏板位置3min,再测量制动踏板和胶纸水平参考线的距离。如果两距离差值大于10mm,说明需要更换制动主缸。

(2)通过观察储液罐中液面的变化,也可以发现制动主缸是否有损坏。在制动过程中,正常时,储液罐的制动液液面高度将产生上下波动现象,如图1-15所示。检查时需要两人配合。检查方法如下:卸下储液罐盖;踩下制动踏板,正常时制动液向上涌起使液面上升,如果储液罐内的制动液液面没有上升,应修理或更换制动主缸;将制动踏板踩到底并保持不动时,制动液液面应下降并保持在一定的位置,否则应修理或更换制动主缸。

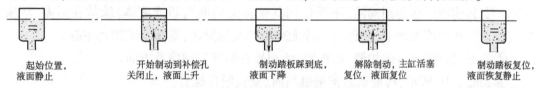

图1-15 踩踏制动踏板时储液罐液面变化过程

(3)将两个专用压力表分别连接到制动主缸的前后油管出油口上,踩下制动踏板,拧松压力表接头上的排气阀以排除压力表接头及附件中的空气。急速运转发动机,使用正常的制动力,踩下制动踏板并保持,此时压力表的读数应能稳定在一定范围内不下降。否则应更换制动主缸。

轿车的制动主缸出现故障时,大多采用更换制动主缸的方法。对于有些允许维修的主缸,本着检查、清洗、修复的方法进行必要的维修,以延长主缸的使用寿命,减少不必要的浪费。

② 解体和组装制动主缸

(1)解体制动主缸时,参照以下步骤进行:

①将制动主缸外部清洗干净。避免制动主缸遭受任何冲击,例如掉落等,掉落的制动主缸不能重复使用。将制动主缸安装至真空助力器或从真空助力器上拆下制动主缸时,确保制动主缸水平或端面向下(活塞面朝上),以防制动主缸活塞掉落。

②拆下限位螺钉后,才能拆下前活塞组件。如果拆卸前活塞组件困难,可通过出油液排出孔慢慢加入压缩空气。不要敲击或钳出制动主缸活塞,而且不要用任何其他方式对制动主缸活塞造成损坏。

③分解制动主缸,并用干净的制动液清洗主缸及有关零部件,用干燥的压缩空气吹净所有通道及相关零部件。

④检查主缸缸孔的磨损情况,可将活塞放在主缸缸体中,用塞尺检查活塞与缸孔之间的间隙。如果间隙过大(通常是大于0.15mm时),必须更换制动主缸总成。

⑤主缸缸孔壁面必须光滑,无锈蚀。其壁面如有轻微的擦伤和斑点,可使用细砂布磨光。如果主缸内径磨损或刻痕较深等,不要试图修整,应更换主缸。

⑥检查储液罐是否损坏,检查储液罐是否老化破裂,检查过滤网是否阻塞,除去聚积的沉积物。

(2)按拆卸的相反顺序进行组装,但需要注意以下事项:

①拆下的橡胶零件如储液罐密封圈、橡胶圈、各种皮碗等都必须更换,制动主缸和真空助力器之间的推杆密封件也需要更换。

②更换所有损坏的零件。对于液压主缸体或活塞,只要其中一件有损伤,则需整体更换。

③不要让任何异物污染制动主缸活塞。如果活塞沾染异物,应用抹布或布条将其擦掉。安装前将干净的制动液(不要使用其他种类的润滑脂或液体)涂抹在活塞、活塞皮碗及主缸孔内等表面上,确保各零件无灰尘和其他异物,重新组装制动主缸。

④装配时要注意皮碗护圈、后皮碗、活动导管的安装顺序及方向。

⑤如图1-16所示,将前活塞推进缸筒时,安装限位螺钉。

⑥插入前活塞组件时,如图1-17所示,注意将前活塞切口与缸体的限位螺钉固定孔对准。

⑦安装制动主缸后,要检查制动踏板高度及自由行程,如不符合要求,应进行调整。

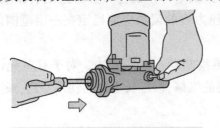

图1-16 安装制动主缸限位螺钉

图1-17 制动主缸前活塞切口位置

引导问题5 真空助力器是如何工作的?怎样对真空助力器进行检修?

驾驶人给制动踏板施加的力不足以快速停车,因此,需要助力器增大驾驶人的踏板力,形成较大的制动力。目前,轿车上广泛装用真空助力器作为制动助力器。真空助力器是根据驾驶人踩制动踏板力的大小,以汽油发动机进气管或真空泵产生的真空作为助力源,将加大的踩踏板力作用在制动主缸上的一种装置。

真空助力器通常安装在制动踏板操纵杆和制动主缸之间,如图1-18所示。根据真空助力膜片的多少,真空助力器分为单膜片式和串联膜片式。国产轿车一般采用单膜片式真空助力器。有些助力器采用两个串联膜片同时工作,即串列式真空助力器,这样可以获得更大的助力。串列式真空助力器各个膜片的操作与单膜片式助力器相同,因此与单膜片式真空助力器相比,串列式真空助力器的助力性能可提高1倍。

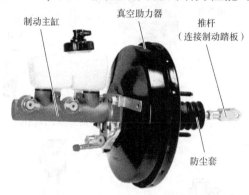

图1-18 真空助力器安装位置

1 真空助力器的工作原理

真空助力器根据驾驶人施加在制动踏板上的力,利用真空与大气压力形成的压力差,通过控制阀控制进入空气量的多少,从而获得所需的助力作用。真空助力器由前后壳体、膜片、推杆、复位弹簧、空气阀和真空阀等组成。

如图1-19所示,真空助力器前壳、后壳、膜片等用于形成前、后气室,膜片可以在前、后气室有压力差的情况下带动真空助力器主缸推杆移动。前气室通过止回阀与真空管路相连。空气阀用于控制外界空气与后气室导通,真空阀用于控制前、后气室的通风孔导通,空气阀和真空阀可在真空助力器推杆的推动下开启和关闭。

(1)如图1-19所示,当制动踏板没有踩下即不制动时,空气阀关闭,不让空气进入后气室,真空阀打开,前气室和后气室通过助力活塞中的通风孔相连,两个气室拥有相等的真空度。真空助力器中的膜片悬浮在真空中,依靠前、后气室的真空及复位弹簧保持平衡。

(2)当踩下制动踏板时,开始时膜片固定不动,来自制动踏板的操纵力推动推杆和空气阀柱塞相对于膜片前移,真空阀关闭,如图1-20所示,连接前、后气室的通风孔被堵塞。此时,膜片左侧的前气室仍为真空,而膜片右侧的后气室通大气,膜片两侧产生压力差,迫使膜片克服复位弹簧的作用力左移,最终通过助力器推杆将加大的力作用在制动主缸推杆上,起到助力作用。

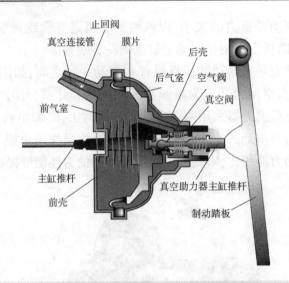

图1-19 未踩下制动踏板时真空助力器工作情况

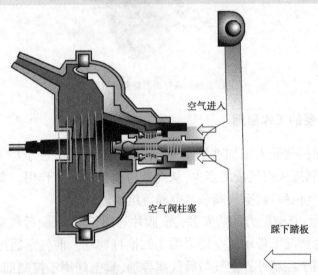

图1-20 踩下制动踏板时真空助力器工作情况

(3)维持制动时,踏板踩下停在某一位置,由于膜片两边压力差还在增加而继续左移,但此时阀芯停止向左移动,空气阀和真空阀向右移动,关闭大气通道,使空气阀和真空阀处于平衡位置,从而使前、后气室压差保持不变,且与主缸已建立的油压平衡,起到制动助力作用。

(4)解除制动时,制动踏板力消失,复位弹簧将膜片压回平衡位置,踏板推杆向右运动返回其原始位置,此时空气阀关闭,真空阀开启,前、后通道连通,膜片的两侧再次具有相同的真空度,真空助力器停止助力。

(5)若真空助力器失效或真空管路无真空制动,则制动踏板带动助力器推杆通过空气阀座直接推动膜片座及反作用盘,从而直接推动助力器推杆使主缸产生制动压力,此时真空助力器将不能起到助力作用,车辆可以按照没有助力器的情况正常制动,这时驾驶人将需要较大的力才能踩下制动踏板。

2 真空助力器的检修

真空助力器是制动系统的重要部件,其性能的好坏会直接影响汽车的行车安全。因此,对真空助力器的性能及故障应做到及时检查,对更换的真空助力器应做到合理调整。

真空助力器常见的故障现象是踩制动踏板费力。引起此故障的原因通常是进气歧管真空度不足、真空管路泄漏或破损、膜片漏气、真空助力器空气滤清器(制动踏板推杆处)堵塞、踏板推杆长度调整不当等。当真空助力器出现壳体破损或有裂纹、推杆弯曲或损坏、漏气、失去助力功能时,应更换真空助力器。多数汽车的真空助力器不允许进行分解检修。

真空助力器是否正常工作,可用下列方法进行检查。

1 工作检查

发动机停机,踩下制动踏板数次,以消除真空助力器的全部残余真空度。每次踩下制动踏板的高度应一致。踩下踏板后,起动发动机,制动踏板应该继续下沉,否则,需要检查真空助力器及真空管路。此时应首先检查真空源是否提供了一定的真空度,然后检查真空管路、止回阀及真空助力器。

真空助力器真空管路的止回阀又称真空止回阀,它位于发动机进气歧管和真空助力器之间,有的止回阀安装在真空助力器上,有的止回阀内置于真空管路中。如图1-21所示,发动机进气歧管的真空通过止回阀到达真空助力器,但真空助力器的真空不能通过该止回阀回流。因此,止回阀的作用是保证发动机停转后,真空助力器内的真空能维持一定的时间。

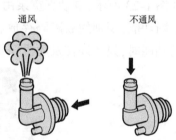

图1-21 真空助力器止回阀

检查时,先将发动机怠速,然后关闭发动机并等待5min,再踩制动踏板施加制动踏板力,至少在一个踏板行程中应有助力作用。如果在第一次踩制动踏板时没有助力作用,则止回阀存在泄漏故障。也可以用手动真空泵检查止回阀的动作。将手动真空泵接头与真空助力器侧接头相接,用手动真空泵抽真空并能保持,则说明止回阀密封性良好。将手动真空泵接头与发动机(或真空泵)接头相接,用真空泵抽真空时不产生真空,则说明止回阀通气性良好。若止回阀失灵,应连同真空软管一起更换。

2 气密性检查

起动发动机并在1~2min后关闭发动机;以常用制动踏板力慢慢踩下制动踏板数次,每次踩制动踏板的间隔时间应在5s以上。如图1-22所示,如果第一次踩制动踏板可以踩到底,但第二次和第三次不能踩到底,则助力器气密性良好。发动机运转时,踩下制动

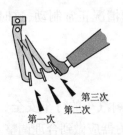

图1-22 真空助力器工作检查

踏板于最低位置,关闭发动机。踩住制动踏板30s,如果踏板行程余量没有变化,则说明助力器气密性良好。否则应检查真空供给、密封情况及检修真空助力器。

真空助力器气密性检查也可以用以下方法进行检查:在真空助力器和止回阀之间安装真空表;起动发动机并怠速运行,使压力表显示值为60kPa左右,记录该值后将发动机熄火;30s内,正常时真空下降不超过2.7kPa。否则检查真空管路,如果管路正常,则需要更换真空助力器。

❸ 真空供给检查

制动时,若真空助力器助力功能丧失或助力作用微弱,除需检查真空助力器外,更应重点检查给助力器提供真空的真空源及其真空管路。

检查时,拔下真空助力器的真空管接头并接上真空表,发动机怠速时真空表读数应在40~67kPa范围内。若真空度过小,应检查真空管是否毁坏、卷曲松动或堵塞。若真空管路损坏,则应予以更换。若真空管路没有损坏,要检修提供真空源的发动机或真空泵。

对于涡轮增压发动机,为了保证真空助力器工作时有足够的真空度,在发动机进气管和真空助力器之间加装真空泵,以保证足够的工作负压。机械真空泵或电动真空泵如图1-23所示,电动真空泵由发动机控制单元根据进气管压力起动。电动真空泵有自诊断功能,识别的故障码存放在发动机电控单元中。使用自诊断功能检查电动真空泵的功能时,只允许在发动机停机时进行。

a)机械真空泵　　　　　b)电动真空泵

图1-23 真空泵

❹ 真空助力器的空气阀检查

真空助力器空气阀若存在漏气故障,则汽车无助力制动,这种现象容易发现。但是行车时,部分空气进入后气室而使膜片两侧产生压差,导致助力器自动工作,使车轮行车的阻滞力较大。检查这种隐蔽性故障可用下面两种方法进行:

(1)发现行车拖滞后,通过对比真空助力器作用在前后车轮阻力的方法进行检查。步骤如下:把车轮升离地面悬空;踩制动踏板数次;松开制动踏板,用手转动车轮,注意其阻力的大小;起动发动机,并怠速运转1min,然后关闭发动机;再次用手转动车轮,如果阻力增加,则说明真空助力器的空气阀存在漏气故障。此时应更换真空助力器。

(2) 直接检查空气阀的密封性能。方法是:当放松制动踏板、发动机怠速运转时,悬一小束棉纱或纸条于空气阀进气口前面,如被吸入,说明空气阀密封不良,有漏气故障;如此时不吸入,而当制动踏板刚一踏下时便被吸入,则说明空气阀良好,无漏气故障。

3 真空助力器的调整

(1) 真空助力器推杆与制动主缸活塞之间间隙的调整。真空助力器推杆与制动主缸活塞间应有2~3mm的自由间隙,只有这样,才能在解除制动时使活塞完全复位,使制动液回流储液罐,彻底解除制动。换上新的制动主缸分总成时,需要调整真空助力器推杆。重复使用拆下的制动主缸分总成和换上新的真空助力器总成时,无须调整真空助力器推杆。

检查并调整真空助力器推杆时,将与新制动主缸分总成封装在一起的附属工具的头部涂抹白垩粉;将附属工具放置在真空助力器总成上,如图1-24所示;测量真空助力器推杆和附属工具之间的间隙(标准间隙为0mm)。如果推杆突出过度(附属工具和真空助力器壳之间有间隙)或推杆突出不足(白垩粉没有粘到真空助力器推杆的头部),则需用专用工具固定推杆并用套筒螺丝刀(7mm)转动推杆头部,以调整推杆长度,如图1-25所示;调整后再次检查推杆间隙。

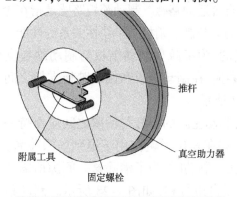

图1-24 将附属工具安装在真空助力器上

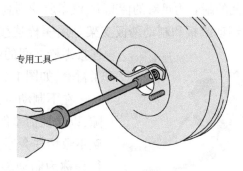

图1-25 调整助力器推杆

(2) 真空助力器推杆U型夹长度的检查和调整。真空助力器如果经过拆卸,需要检查其推杆U型夹的长度。如图1-26所示,测量推杆U型夹的长度L,如果不在规定范围内,应拧松推杆锁止螺母,转动U型夹进行调整。

当需要将制动助力器上的制动主缸拆下时,注意:从制动助力器上拆下主缸之前,制动助力器的真空必须消除。这是为了防止制动助力器在主缸拆下时吸入污染物。消除制动助力器内真空的方法是在发动机不运转时,不断踩制动踏板直到感觉制动踏板变得坚硬有力为止。

汽车制动系统维修(第2版)

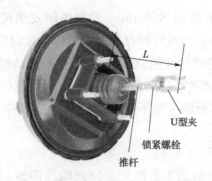

图1-26　测量真空助力器推杆U型夹长度

引导问题6　对制动踏板有何要求？

汽车制动器产生的制动力大小取决于驾驶人施加在制动踏板上的力。对于制动踏板一般有踏板力和踏板行程两方面的要求，例如，2016年款别克威朗制动踏板自由高度约为160mm，自由行程约为10mm，要求施加在制动踏板上的力为445N时踏板行程余量约为85mm。

制动踏板过硬或软都是故障，例如制动主缸、轮缸锈蚀会引起制动踏板过硬（即费力），制动液压管路中有空气会引起制动踏板过软，当然此时制动效果也差。制动踏板自由行程过大或过小是不正常的，自由行程过小容易引起制动拖滞，自由行程过大容易引起制动不灵敏。另外驾驶车辆时，需要制动踏板有合适的路感。制动踏板路感是指在轮胎和路面间的附着力足够的情况下，汽车所受到制动力与制动踏板力呈线性关系的性能。

制动踏板和制动踏板支架是用螺栓连接的，为了减少制动踏板与制动踏板支架的连接螺栓之间的磨损，在制动踏板和制动踏板支架之间设置了衬套，如图1-27所示。

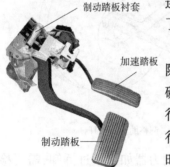

图1-27　制动踏板衬套

在不制动时，制动主缸的推杆与活塞之间应保持一定间隙，以保证活塞能够在复位弹簧作用下退到极限位置，且皮碗不致堵住旁通孔。制动时，为了消除这一间隙所需的踏板行程称为制动踏板自由行程，如图1-28所示。制动踏板的行程不得因铺设地毯而变短，否则，会使制动作用减弱，严重时会失去制动作用。

有些汽车具有可调踏板系统，例如路虎揽胜、林肯领航员。可调踏板系统允许向前或向后重新调整制动踏板和加速踏板的位置，改进了转向盘与驾驶人的人机关系。踏板位置的改变是通过电动机驱动丝杠来完成的。操作可调踏板开关，使踏板驱动电动机，踏板电动机驱动丝杠转动，并带动加速踏板位置改变。在调整踏板位置的同时，也允许驾驶人调整转向盘的倾斜角度和座椅位置，以达到最舒适的状态。不管踏板在什么位置，踏板工作所需的力不变。

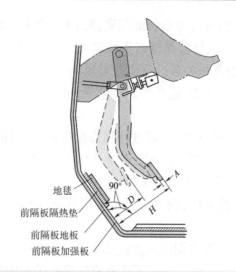

图1-28 制动踏板结构与行程
H-自由高度；*D*-行程余量；*A*-自由行程

引导问题7 如何正确使用制动系统？

(1)不要在后窗台上放置物品。否则,在紧急制动或发生意外时,这些物品可能会向前抛出,毁坏车辆或伤害乘客。

(2)驻车后起步前,检查并确定驻车制动装置完全释放,驻车制动警告灯熄灭。

(3)多水的地面和清洗车辆时可能会弄湿制动器,驾驶制动器已湿的车辆极具危险。因为已湿的制动器制动效率下降,车辆可能跑偏。要干燥制动装置,需轻轻踩下制动踏板,直到制动器恢复正常工作为止。若不能恢复,应立即停车检修。

(4)在下坡路上行驶时,应始终保持车辆处于前进挡状态,并利用制动系统减速行驶,然后选择低挡,使发动机制动以帮助保持安全的车速。

(5)切勿长时间踩下制动踏板,行驶时不要把脚放在制动踏板上,这会导致制动器过热及出现故障,还会加快制动系统零部件的磨损。

(6)若行驶中发现轮胎漏气时,应缓慢使用制动器,并在车速降低的过程中保持车辆处于正向前进状态。当车速减到一定程度后,驶离公路并在安全的地方停车。

(7)短暂停车时,保持踩下制动踏板的状态,以避免车辆向前溜动。

(8)在坡路停车时一定要小心,要使用驻车制动系统并把变速杆置于"P"位置。在车轮下垫上挡块。

引导问题8 怎样查找及使用卡罗拉轿车维修手册？

1 使用维修手册注意事项

(1)维修手册不包括汽车维护和修理所需的所有项目。

(2)维修手册专供具有专业技能与资格的人员使用,如果非专业或无资格的技术人员进行维护或修理时,仅仅参照维修手册或者没有使用适当的设备或工具,可能会对本人或周围人员造成伤害并对客户车辆造成损坏。

(3)为了防止危险操作,避免客户车辆受到损坏,要充分理解"导言"部分中"注意事项"的所有内容。

(4)在遵循维修手册中的步骤进行维修操作时,必须使用指定和推荐的工具。若使用非指定或推荐的工具和维修方法,则在开始操作前要确保维修技术人员的安全,并确定不会造成人员伤害或客户车辆损坏。

(5)如果需要更换零件,则必须换上具有相同零件号的零件或相当的零件,切不可采用劣质零件。

(6)为了有效避免维修期间可能造成的人身伤害,以及由于操作不当而造成的车辆损坏或导致车辆不安全等隐患,必须认真遵守维修手册中各种"注意"和"小心"事项,否则有可能造成严重的后果。

2 如何使用维修手册

(1)认真阅读维修手册中导言部分、准备工作部分及维修规范部分。导言部分一般包括:如何使用本手册、识别信息、维修说明、如何对ECU进行故障排除、专业术语等。其中维修说明部分介绍了注意事项、车辆举升和支撑位置、定制参数、初始化等,尤其要注意。

(2)维修手册中省略了一些必需程序,例如使用千斤顶或举升机进行操作、清洁所有拆下的零件、进行目视检查等。

(3)维修手册中提到的"注意",表明可能对人造成人身伤害;维修手册中提到的"小心",表明有可能对维修的部件造成损坏。维修手册中提到的"提示",提供附加信息,可以帮助有效地提高维修效率。

(4)维修手册的准备工作中,会提示维修本系统需要的维修专用工具(SST)和维修专用材料(SSM)等。

(5)维修手册中提到的维修规范主要介绍:各系统的维修数据及如何确定螺栓强度、标准螺栓的规定力矩等。

(6)查找维修内容时,可以参考序言部分;通过找到维修内容所对应的字母缩写,找到相关的章节。

引导问题9 ▶ 怎样提高作业中的工作效率?

通过以下方法,可以提高工作效率:

(1)将尽可能多的工作集中在同一地点,并一次做完;

(2)工具、仪器和更换部件应该提前准备好并置于易于拿取的地方;

（3）要努力减少蹲式或弯腰，尽可能地采用站式操作；
（4）把事情组合起来一起做，以减少空闲时间；
（5）通过把工作项目分类，减少车辆举升次数。

引导问题 10 制动踏板调整流程是怎样的？

制动踏板的工作状态直接影响制动效能。在液压制动系统中，制动踏板自由行程的大小、制动踏板的高度位置，在一定程度上反映了制动系统的问题。所以在维护时必须检查踏板自由行程、高度和踏板的行程余量，维护时制动踏板调整流程如图 1-29 所示。

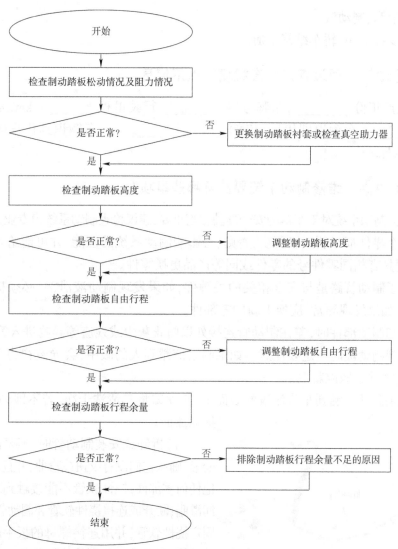

图 1-29 制动踏板调整流程图

二、实施作业

引导问题 11 作业需要哪些工具、设备和材料?

(1)梅花螺丝刀、一字螺丝刀、开口扳手(10mm、12mm)、套筒(10mm)、鲤鱼钳。
(2)金属直尺、塞尺(又称厚薄规)、万用表。
(3)磁力护裙、转向盘防尘罩、变速杆手柄套、驻车制动拉杆套、脚垫和座椅套、干净抹布。
(4)润滑脂、制动液。
(5)卡罗拉1.6L轿车维修手册。

引导问题 12 通过查询和查找填写以下信息。

车辆生产年份_____,车牌号码_____,行驶里程_____km,发动机型号及排量_____,车辆识别代号(VIN)_____。车辆识别代号印在车身和制造商标签上。

引导问题 13 维修制动系统要注意哪些事项?

(1)因为制动系统对于车辆的安全驾驶相当重要,建议检查制动系统由专业人员进行。
(2)每个零件都必须正确更换,否则,会影响制动系统的性能,并可能给驾驶人带来危险。要用具有相同零件号的零件或同等产品更换零件。
(3)由于制动管路是与安全相关的关键件,如果发现制动液泄漏,必须拆卸并检查其零部件。如果发现异常,应换上新的零部件。
(4)拆卸制动部件时,盖住制动管连接处以防止灰尘或残渣等异物进入管中。
(5)处理制动液时一定要注意。如果制动液溅到人的眼中,会导致视力下降。应立刻用清水冲洗并送医院就医。
(6)如果制动液洒到车身涂漆的表面上,应立即将其清洗干净,若不即刻擦除,则会损坏漆面。
(7)拆卸或安装制动管时,不要使其损坏或变形,确保它们没有绞扭或弯曲,并且不会干扰其他任何零部件;挠性软管不能接触到减振器油和润滑脂;断开或连接挠性软管和制动管时,用扳手固定挠性软管,并用连接螺母的扳手断开或接上制动管;不要重复使用从挠性软管上拆下的卡子或塑料卡箍。制动管路和卡子如图1-30所示。

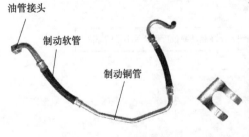

图1-30 制动管路和卡子

(8)切勿使制动液罐或制动液储液罐保持开启状态的时间超过规定的时间范围。这样可防止进入污物和湿气,以免损坏制动系统或导致工作不当。

(9)添加制动液时,首先清除周围的污物,然后打开制动液储液罐盖,慢慢倒入推荐的制动液,切勿超量倒入制动液。认真盖好制动液储液罐盖并拧紧。

(10)应保持零件和维修场地的清洁。

引导问题14　作业前的准备工作有哪些?

(1)汽车进入工位前,将工位清理干净,准备好相关的器材。

(2)将变速杆置于空挡或P挡。

(3)套上转向盘防尘罩(图1-31)、变速杆手柄套和座椅套(图1-32),铺设脚垫(图1-33)。

图1-31　安装转向盘套

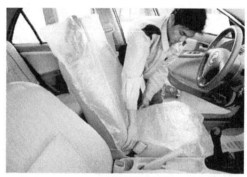

图1-32　安装座椅套

(4)粘贴翼子板和前脸磁力护裙。

(5)如图1-34所示,拉起发动机舱盖释放杆。

图1-33　铺设脚垫

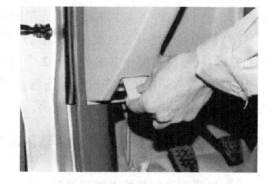

图1-34　拉起发动机舱盖释放杆

引导问题15　怎样拆装制动踏板?

在维护时发现制动踏板衬套磨损,需要拆卸制动踏板,更换制动踏板衬套。卡罗拉轿车制动踏板的结构如图 1-35 所示,拆装方法如下。

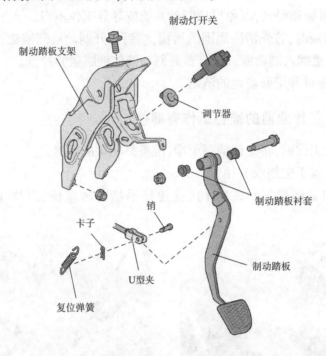

图 1-35　卡罗拉轿车制动踏板结构

（1）拆卸制动踏板上仪表板底罩分总成。

（2）从制动踏板支架分总成上拆下制动踏板复位弹簧。

（3）拆下卡子和 U 型夹销,从制动踏板分总成上分离制动主缸推杆 U 型夹。

（4）拆卸制动踏板支架分总成。

拆下螺母并从仪表板加强件上分离制动踏板支架分总成;断开制动灯开关插接器并脱开 2 个卡夹;拆下 4 个制动踏板支架固定螺母和制动踏板支架分总成。

（5）拆卸制动灯开关总成;拆卸制动灯开关座调节器;拆卸制动踏板分总成;拆下螺栓和螺母;从制动踏板分总成上拆下 2 个制动踏板衬套。

装配时按拆卸相反顺序进行。注意:在新制动踏板衬套上及推杆销上涂抹锂皂基乙二醇润滑脂,将旧的推杆销卡子更换。

引导问题 16　如何检查和调整制动踏板?

1 检查制动踏板松动情况及阻力情况

在检查或调整制动踏板位置时,先检查制动踏板衬套及制动主缸推杆 U 型夹的磨损情况,如果衬套磨损严重,需要将磨损零件更换。检查制动踏板是否阻力过大(即制动踏板是否过硬),如果阻力过大,按前述方法检查制动真空助力器。

2 检查制动踏板高度

检查制动踏板行程前,应关掉发动机,反复多次(5次以上)踩下制动踏板,使其真空助力器的真空度为零后,再进行检查。

(1)翻起地毯。

(2)如图1-36所示,在松开制动踏板的情况下,测量制动踏板表面和地板之间的最短距离。制动踏板距离地板的高度应为145.8~155.8mm。若制动踏板行程过长,应加以调整。

3 调整制动踏板高度

(1)断开制动灯开关插接器,将制动灯开关旋出足够的距离。

(2)松开推杆U型夹锁紧螺母,转动推杆以调整制动踏板高度。

(3)拧紧推杆U型夹锁紧螺母。

(4)将制动灯开关插入调节器固定架,直至开关壳体接触到制动踏板。

(5)调整制动灯开关。

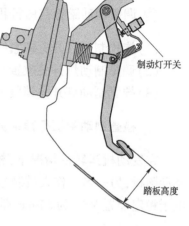

图1-36 检查制动踏板的踏板高度

不要踩下制动踏板,如图1-37所示,使用薄厚规检查制动灯开关推杆的凸出部分与限位衬块间隙应为1.5~2.5mm,如果凸出部分不在规定范围内,则进行调整。连接制动灯开关插接器,并确认踩下制动踏板时,制动灯亮;而松开制动踏板后,制动灯熄灭。否则,测量制动灯开关阻值,应符合表1-1要求,如果结果不符合规定,则更换制动灯开关总成。

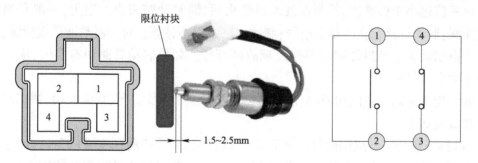

图1-37 检查制动灯开关

制动灯开关阻值　　　　　　　　　　　　　　　　　表1-1

检查端子	开关状态	阻值标准	检查端子	开关状态	阻值标准
1—2	按下	10kΩ 或更大	3—4	按下	小于1Ω
	未按下	小于1Ω		未按下	10kΩ 或更大

4 检查制动踏板自由行程

关闭发动机,连续踩下制动踏板数次,以消除助力器的真空,然后轻轻而又缓慢地将制动踏板压下,直至感到有阻力时为止,量取此过程中踏板所经过的行程,此距离即为制动踏板的自由行程(1.0~6.0mm)。制动踏板自由行程必须与该车型的技术要求一致,否则要进行调整或维修。

5 调整制动踏板自由行程

(1)旋松制动灯开关锁紧螺母。
(2)调整制动灯开关位置直至开关轻微接触到限位衬块、自由行程符合标准为止。
(3)拧紧制动灯开关锁紧螺母。

6 检查制动踏板行程余量

在发动机运转的情况下,松开驻车制动拉杆,一名工作人员用大约490N的力踩下制动踏板,另一名工作人员测量从地板到制动踏板的距离。如果测量值与标准值(不带电子稳定装置VSC为85mm,带电子稳定装置VSC为90mm)不相符,则应进行调整。

7 制动踏板行程余量过小的检修

检查制动踏板行程余量时,如不正常,一般会出现两种情况:测量值小于标准值;测量值远小于标准值。

测量值小于标准值,一般是因为制动系统有空气;制动管路存在泄漏;制动器摩擦片与制动鼓或制动盘之间的间隙过大;制动主缸工作不良等。

测量值远小于标准值,甚至在发动机熄火后,踩制动踏板也无阻力,一般是制动液严重泄漏;制动管路存在大量的空气;制动主缸工作不良等。对于制动液严重泄漏,可以通过检查制动管路及拆卸制动鼓来发现故障部位。如果制动管路中有空气,应及时将系统中的空气排出。

如果检查是制动主缸的原因,需要对制动主缸进行拆装。卡罗拉1.6L轿车制动主缸拆装流程如下:

(1)拆下制动主缸周围附件。拆卸2号汽缸盖罩;拆卸前刮水臂端盖;拆卸左前刮水臂和刮水片总成;拆卸右前刮水臂和刮水片总成;拆卸发动机舱盖至前围上侧密封;拆卸前围板右上通风栅板;拆卸前围板左上通风栅板;拆卸风窗玻璃刮水器电动机及连杆;排净制动液;拆卸前围上外板;拆卸空气滤清器盖分总成;拆卸空气滤清器滤芯;拆卸空气滤清器壳。

(2)如图1-38所示,断开制动主缸连接管路。断开离合器管(手动变速器);用连接螺母扳手(10mm)从制动主缸分总成上断开2个制动管路;断开插接器并脱开2个卡夹；拆下2个螺母、卡夹支架和制动主缸分总成；从制动主缸分总成上拆下O型圈。

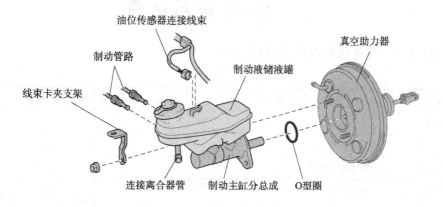

图1-38　拆下主缸连接管路

（3）如图1-39所示，分解制动主缸和储液罐。拆卸制动主缸储液罐加注口盖总成；拆卸制动主缸储液罐滤网；在台钳上放置铝板，将制动主缸分总成安装到台钳上。用尖冲头和锤子敲出直销并拆下制动主缸储液罐总成；从制动主缸储液罐总成上拆下2个主缸储液罐密封垫。

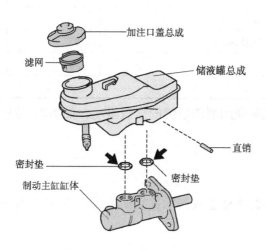

图1-39　制动主缸与储液罐分解图

（4）换上新的制动主缸分总成时，需要调整真空助力器推杆。

（5）按相反顺序进行装配及安装。装配及安装时要注意：在2个新的主缸储液罐密封垫上涂抹制动液；不要让任何异物进入制动主缸储液罐总成。

（6）安装完需对制动液储液罐进行加注；对离合器管路进行排气；对制动主缸进行排气；对制动管路进行排气；对制动器执行器进行排气（带电子稳定装置VSC）；检查制动液是否泄漏；检查制动液储液罐液面高度。

三、评价与反馈

(1) 对本学习任务进行评价,评价考核项目见表1-2。

评 分 表　　　　　　　　　　　　　　　　表1-2

考核项目	评分标准	分数	学生自评	小组互评	教师评价	小计
团队合作	是否和谐	5				
活动参与	是否积极主动	5				
安全生产	有无安全隐患	10				
现场5S管理	是否做到	10				
任务方案	是否正确、合理	15				
操作过程	检修制动踏板松动情况及阻力情况; 检查及调整制动踏板高度; 检查及调整制动踏板自由行程; 检修制动踏板行程余量	30				
任务完成情况	是否圆满完成作业	5				
工具和设备使用	是否规范、标准	10				
劳动纪律	是否能严格遵守	5				
工单填写	是否完整、规范	5				
总分		100				
教师签名:			年　月　日		得分	

(2) 能否向车主说明使用制动系统的注意事项?如不能,分析原因。

(3) 能否运用正确的方法检查制动真空助力器?如不能,分析原因。

学习任务二
制动液的检查和更换

学习目标

完成本学习任务后,你应当能达到以下目标。
◎ **知识目标**
　1. 熟悉汽车制动系统维护的内容;
　2. 叙述制动液的特性,安全使用制动液。
◎ **能力目标**
　1. 规范地更换制动液;
　2. 向驾驶人解释定期更换制动液的重要性。
◎ **素养目标**
　1. 养成共同协作的好习惯;
　2. 养成爱护环境的好品质。

 建议完成本学习任务的时间为 **8课时**。

 学习任务描述

　　一辆卡罗拉1.6L轿车,车主反映:在行驶过程中,在紧急踩制动踏板时,有一脚到底的感觉。制动距离变长只是偶尔出现,有时一天一次,有时几天出现一次。检查前后车

轮制动摩擦片、制动盘,磨损正常,前后制动轮缸及各管路连接正常,无泄漏,制动储液罐液面也正常,但制动液的颜色发黑。怀疑是制动液太脏所致,需要你对制动液进行更换,并试车检查故障是否排除。

 学习内容

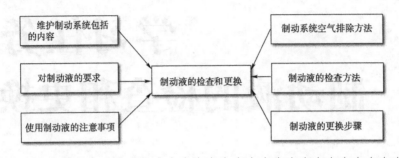

一、资料收集

引导问题1 维护制动系统包括哪些内容?

根据《汽车维护、检测、诊断技术规范》(GB/T 18344—2016)有关规定,汽车维护分为日常维护、一级维护和二级维护。

1 制动系统的日常维护

(1)出车前检视制动液,制动液液面高度应符合规定。如果发现制动液严重不足,驾驶人应联系维修企业,维修企业将车拖到维修厂,由专业人员对制动系统进行检漏。驾驶人不得将车开到维修企业,以防制动失效发生事故。

(2)慢速行驶检查行车制动系统功能是否正常,制动液警告灯(图2-1)是否闪亮。

图2-1 制动液警告灯

(3)使用气压式制动的汽车应待储气筒气压升到规定值后,踩下制动踏板,检查制动反应时间和制动效能是否正常。

(4)行车中检查制动气压是否正常,制动系统是否灵活有效。

(5)停车途中检查制动器有无发热现象。

(6)检查驻车制动系统功能是否正常。

(7)收车后放净储气筒的积水。

2 制动系统的一级维护

(1)检查制动管路、制动阀及接头

检查制动管路、制动阀是否固定可靠,检查接头是否紧固,有无漏气(油)现象。

(2)检查缓速器

检查缓速器连接是否紧固,定子与转子间隙是否符合规定,检查缓速器外表、定子与转子间是否清洁,各插接件与接头是否连接可靠。

(3)检查储气筒

检查储气筒有无积水及油污。

(4)检查制动液

检查是否按规定的里程或时间更换制动液,检查制动液液面高度是否符合规定。

3 制动系统的二级维护

二级维护除了包括日常维护、一级维护作业内容,还包括表2-1所示的内容。

制动系统二级维护作业内容　　　　　　　　　表2-1

作业项目	作业内容	技术要求
储气筒、干燥器	检查、紧固储气筒,检查干燥器功能,按规定里程或时间更换干燥剂	储气筒安装牢固,密封良好。干燥器功能正常,排水阀通畅
制动踏板	检查、调整制动踏板自由行程	制动踏板自由行程符合规定
驻车制动	检查驻车制动性能,调整操纵机构	功能正常,操纵机构齐全完好、灵活有效
防抱死制动装置	检查连接线路,清洁轮速传感器	各连接线及插接件无松动,轮速传感器清洁
鼓式制动器	检查制动间隙调整装置	功能正常
	拆卸制动鼓、轮毂、制动蹄,清洁轴承周围、轴承、支承销和制动底板等零件	清洁,无油污,轮毂通气孔畅通
	检查制动底板、制动凸轮轴	制动底板安装牢固、无变形、无裂损。凸轮轴转动灵活,无卡滞和松旷现象

续上表

作业项目	作业内容	技术要求
鼓式制动器	检查轮毂内外轴承	滚柱保持架无断裂,滚柱无缺损、脱落,轴承内外圈无裂损和烧蚀
	检查制动摩擦片、制动蹄及支承销	摩擦片表面无油污、裂损、厚度符合规定。制动蹄无裂纹及明显变形,铆接可靠,铆钉沉入深度符合规定。支承销无过量磨损,与制动蹄轴承孔衬套配合无明显松旷
	检查制动蹄复位弹簧	复位弹簧不得有扭曲、钩环损坏、弹性损失和自由长度改变等现象
	检查轮毂、制动鼓	轮毂无损坏,制动鼓无裂痕、沟槽、油污及明显变形
	装复制动鼓、轮毂、制动蹄,调整轴承松紧度、调整制动间隙	润滑轴承,轴承位涂抹润滑脂后再装轴承。装复制动蹄时,轴承孔均应涂抹润滑脂,开口销或卡簧固定可靠。制动摩擦片与制动鼓摩擦面应清洁,无油污。制动摩擦片与制动鼓配合间隙符合规定。轮毂转动灵活且无轴向间隙。锁紧螺母、半轴螺母及车轮螺母齐全,扭紧力矩符合规定
盘式制动器	检查制动摩擦片和制动盘磨损量	制动摩擦片和制动盘磨损量应在标记规定或制造商要求的范围内,其摩擦工作面不得有油污、裂纹、圆度误差超标和沟槽等损伤
	检查制动摩擦片与制动盘间的间隙	制动摩擦片与制动盘之间的转动间隙符合规定
	检查密封件	密封件无裂纹或损坏
	检查制动钳	制动钳安装牢固、无油液泄漏。制动钳导向销无裂纹或损坏

引导问题2 对制动液有什么要求？使用制动液需注意事项有哪些？

液压压力必须通过制动管路借助制动液传递到车轮制动器。因此,制动液对制动系统的可靠性具有决定意义。

汽车上常用的制动液有植物制动液、合成制动液及矿物制动液。植物制动液的汽化温度不够高,低温下易凝结,蓖麻油又是贵重的化工原料,植物制动液被合成制动液和矿物制动液所取代。合成制动液汽化温度高于190℃,在-35℃时,流动性也好,对金属无腐蚀,对橡胶无伤害,溶水性好,但成本高。矿物制动液溶水性差,使普通橡胶膨胀,高低温性能好,对金属无腐蚀。

1 制动液的特点

(1)高沸点。高温下不易气化,避免在过热的车轮制动器中形成气泡,否则在管路中易产生气阻现象,使制动系统失效。

气阻现象是在液压制动系统中,当制动液的工作温度过高接近其沸点时,会产生大量气泡,由于气体是可压缩的,持续施加压力,气泡很快被灭掉,液压能不能有效传递到制动器,从而导致制动踏板行程加大,制动效能急剧下降甚至完全失灵。制动液在使用过程中可以吸收大气中的水分,水分越多沸点越低,会加大气阻现象。

(2)不易融入空气。不能让空气通过制动液侵入制动系统管路中,否则将引起制动不良。

(3)低冰点。低温下(至-40℃)有良好的流动性,否则会引起制动灵敏性下降和解除制动缓慢。

(4)化学稳定和耐老化,不侵蚀金属、塑料和橡胶。不会使与之经常接触的金属件及橡胶件腐蚀,不会使金属件及橡胶件发生膨胀变硬和损坏。

(5)有良好的润滑作用。即使制动缸中有高压时也能起到润滑作用。

(6)吸水性差而溶水性好。渗入其中的水汽也能与制动液均匀混合,否则将在制动液中形成大水泡,大大降低汽化温度。制动液在长时间使用后,会因吸收空气中的水分导致沸点下降,在工作过程中更容易出现气阻现象,所以制动液有一定的使用期限,需定期更换。

(7)其他性能。制动液还具有高着火点(高于82.5℃),不能压缩,有毒,容易侵蚀油漆。注意:制动液一旦接触皮肤,要立即用水清洗。

2 使用制动液的注意事项

(1)制动液不得和矿物油质的液体(油、汽油、清洗剂)相接触。矿物油将损坏制动装置的皮碗和密封圈。

(2)制动液有毒,无论如何不允许用嘴从橡胶管中吸出制动液。排放制动液时,只能使用专用容器存放。

(3)制动液有腐蚀作用,不允许制动液和油漆相接触。用抹布或毛巾盖在涂漆表面上,以防止制动液黏附。如果制动液泄漏到任何涂漆表面上,应立即将其清洗干净。

(4)制动液应保存在密封容器中,因为制动液具有吸湿性,能够吸收周围空气中的潮气。随着水分含量的增加沸点会下降,容易引起制动器失灵。

(5)制动液要符合DOT3或DOT4标准。如图2-2所示,在制动液瓶上有制动液的品牌和型号,在添加制动液前要确认原有制动液的品牌和型号。在使用过程中切忌将不同型号不同品牌的制动液混合使用,否则会导致制动液失效。最好使用维修手册中推荐使用的制动液。

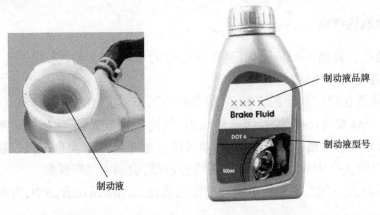

图 2-2　制动液品牌和型号

(6)不要使用已经吸收了潮气的制动液和脏污的制动液,否则会引起制动主缸及制动轮缸的早期磨损或使制动性能下降。

(7)因汽车制动摩擦片磨损而自动调节,引起制动液液面略有下降是完全正常的。

引导问题3　排放制动系统空气的流程是怎样的?

当制动系统内有空气时,其空气排除流程如图 2-3 所示,注意排除空气之前确认制动液的质量须符合要求。

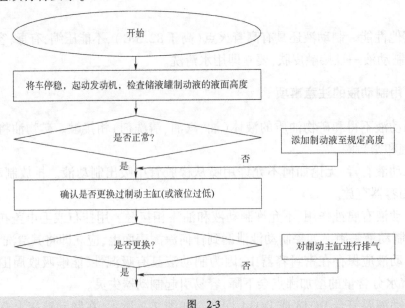

图 2-3

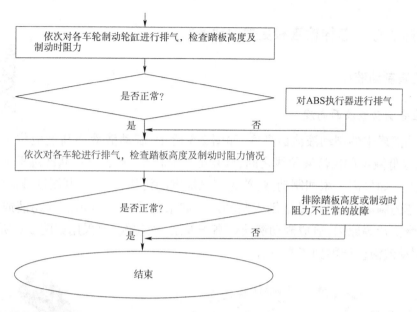

图 2-3 制动系统空气排除流程

二、实施作业

引导问题 4 作业需要哪些工具、设备和材料？

(1) 连接用螺母扳手(10mm,图 2-4),扭力扳手,梅花扳手(10mm)。
(2) 毛巾或抹布。
(3) 透明胶管及透明空瓶。
(4) 卡罗拉 1.6L 轿车维修手册。

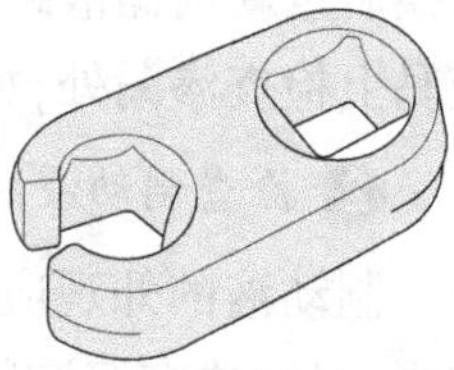

图 2-4 连接用螺母扳手

引导问题 5 通过查询和查找填写以下信息。

车辆生产年份_____,车牌号码_____,行驶里程_____ km,发动机型号及排量_____,车辆识别代号(VIN)_____。

引导问题 6 作业前的准备工作有哪些？

(1) 汽车进入工位前,将工位清理干净,准备好相关的器材。
(2) 将汽车停在举升机中央位置,将举升机升起至车轮悬空。
(3) 将变速杆置于空挡或 P 挡。
(4) 套上转向盘防尘罩、变速杆手柄套和座椅套,铺设脚垫。
(5) 粘贴翼子板和前脸磁力护裙。

引导问题7　怎样检查和更换制动液？

1 检查制动液

❶ 检查制动液液面高度

检查储液罐中的制动液液面高度,如图2-5所示,制动液液面高度应位于最高液位(MAX)和最低液位(MIN)液位线之间,修复出厂的轿车,制动液在储液罐里的高度应在上限标记处。如果需要添加制动液,首先清除周围的污物,之后打开制动液储液罐盖,慢慢倒入推荐的制动液,切勿过量倒入制动液。如果是添加了过多的制动液或是更换了新的制动摩擦片等原因,造成制动液液位高于MAX液位线,要采用如图2-6所示的抽吸工具,将制动液液位调整到正常位置。

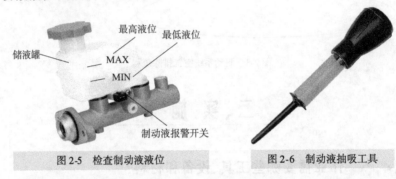

图2-5　检查制动液液位　　　　图2-6　制动液抽吸工具

如果制动液液位低于MIN液位线,检查制动器摩擦片磨损情况,如有必要,维修或更换后重新向储液罐加注制动液。制动液面短时间出现显著下降或低于"MIN"标记时,应马上检查渗漏处,如果制动液泄漏,应紧固或更换漏液部件,恢复正常后才能使用。

❷ 检查制动液品质

制动液的外观应清澈透明或呈琥珀色、无杂质、无沉淀和悬浮物。如果制动液出现变黑、混浊或有沉淀物等现象时,在征得顾客同意后应及时更换。用图2-7所示或其他制动液专业检测仪器,可直接检测出制动液是否含水量过多。

2 更换制动液

制动液的更换以汽车的行驶里程或时间确定,一般行驶里程超过3万km或时间超过2年需更换。更换制动液的方法和排除制动系统中空气的方法类似,有两点要注意:①当制动液及储液罐较脏时,应拆卸储液罐清洗后重新装回制动主缸上,如果储液罐不脏时,可以按图2-8所示方法,分别吸出制动主缸和制动轮缸中的制动液;②排放空气时,观察排气螺塞排放气泡消失才能结束作业;而更换制动液时,观察排气螺塞排放干净的制动液才能结束作业。

学习任务二 制动液的检查和更换

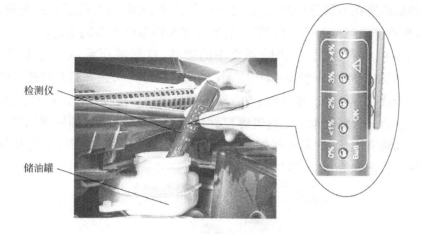

图 2-7 检测制动液品质的检测仪

 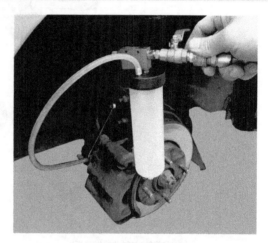

a) 吸出制动主缸中制动液　　　　　　b) 吸出制动轮缸中制动液

图 2-8 更换制动液

3 排除制动系统中空气

1 人工排除法

如果对制动系统执行了任何操作或怀疑制动管路中有空气,应对制动系统进行排气。

要注意:对制动系统进行排气前,将变速杆移至 P 位置并拉紧驻车制动器;排出的制动液内含有空气及空气中的水汽,不可再用;须使用厂家规定的制动液,使用非厂家规定制动液,或混用不同品牌的制动液,可能会缩短制动液压系统的使用寿命,严重的会造成制动失灵;不要让制动液溅到车辆上,否则可能会损坏油漆,如果不小心已经溅到油漆层上,要立即用水清洗;排气过程中要随时注意检查储液罐液位,整个加注过程始终要保持制动液在下限记号之上,以防止空气侵入回路。加注完毕后,对制动系统进行排气;各车轮排放空气时的先后顺序,需要遵守车辆维修手册的规定。

若液压系统中有空气,应排除系统中的空气,这样液压系统才能正常工作。如图2-9所示,排除空气时,一般要求两人操作。可将软管一头接在打开的排气螺塞上,另一端插到一个透明容器中。排气时,一人连续踩几次制动踏板,对缸内空气加压,然后踩住踏板不放。另一人将制动轮上排气螺塞旋出至少一整圈,空气即随制动液一起排出。若排出的制动液有泡沫,旋紧排气螺塞,继续踩几次制动踏板并继续上述操作,直到排出的制动液没有泡沫为止,旋紧排气螺塞。

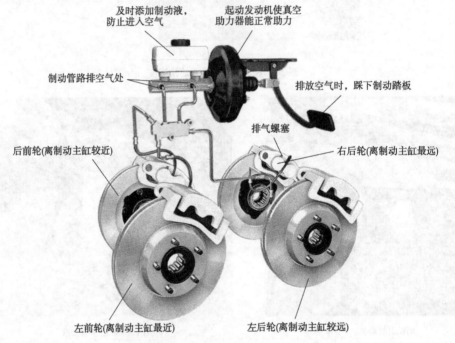

图2-9 人工排除制动系统空气的方法

对于大多数装备前/后双管路系统的车辆,要从距制动主缸最远的车轮开始排气,最后才是距制动主缸最近的车轮;对于装备对角双管路系统或装备防抱死制动系统的车辆,要按照车辆维修手册规定的步骤对制动系统进行排气。

制动液不能加得过满,过量加注会导致制动液溢出并腐蚀部件。卡罗拉轿车制动系统排除空气具体步骤如下:

(1)拆卸中间前围板上通风栅板。滑动发动机舱盖至前围上密封条并脱开卡子,脱开5个卡爪并拆下中间前围板上通风栅板。

(2)如果重新安装过制动主缸或储液罐液位太低,则需对主缸进行排气,方法如下。

①如图2-10a)所示,用10mm的连接螺母扳手从制动主缸上断开2个制动管路;

②如图2-10b)所示,缓慢踩下制动踏板并保持;

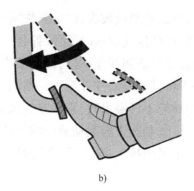

图2-10 断开管路并保持制动踏板踩下位置

③如图2-11所示,用手指堵住2个外孔,并松开制动踏板;

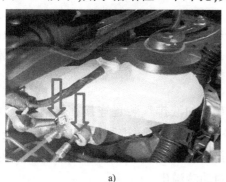
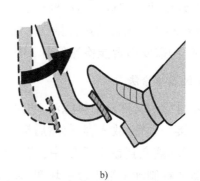

图2-11 用手指堵住制动主缸与油管的连接孔

④重复步骤②和③3~4次;

⑤用10mm的连接螺母扳手将2个制动管路连接至主缸。安装油管接头螺母时,需要注意防止异物进入,先用手将螺母至少拧紧3圈,然后使用连接螺母扳手或开口扳手将其拧紧。拧紧连接螺母后,将其彻底擦干净,以便观察其是否存在漏油的情况。

(3)对制动管路进行排放空气。应首先对离主缸最远的车轮的制动管路进行排气。

①先将塑料管连接至排气螺塞,如图2-12所示。

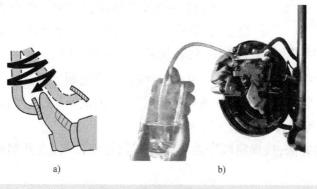

图2-12 连接透明容器及胶管

②踩下制动踏板数次,然后踩住踏板,松开排气螺塞;

注意:拧松排气螺塞时,至少拧开一整圈。有些空气滞留在制动管路或远离排气螺塞处,如果排气螺塞开度不足,油液节流引起流出慢和弱,这将不能使所有空气流出。因此,起码要将排气螺塞拧开至少一整圈使制动液以快速、大量流出。

③制动液不再溢出时,紧固排气螺塞,然后松开制动踏板;

④重复②和③直至制动液中的气体完全放出;

⑤完全紧固排气螺塞(前排气螺塞上紧力矩为 8.3N·m;后排气螺塞上紧力矩为 10N·m);

⑥对每个车轮均重复上述程序,从而对制动管路进行排放空气;

⑦检查制动液液位;

⑧安装中间前围板上通风栅板。

(4)对制动器执行器进行排气。制动系统排气后,如果不能获得制动踏板的规定高度或触感,则需要用智能检测仪对 ABS 制动器执行器总成进行排气,详见学习任务六。

2 仪器排除法

仪器排除法又称压力排除法,它是将专用加液排气装置连接在储液罐上,在轮缸排气螺塞上接一软管,放入容器,然后根据各轮缸排气顺序进行排气。此装置是以一定的压力,把制动液充到制动系统中,使空气排出,最后储液罐的液面高度必须达到 MAX 处。注意要在制动主缸下放一块布,以防制动液溢出。

(1)从主缸上部储液罐的顶部拆下加注口盖。

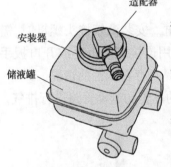

图 2-13 连接适配器

(2)如图 2-13 所示,将适配器、安装器安装在储液罐顶部的加注口盖的位置。

(3)将排气罐、专用工具或等效工具装到适配器上。按制造商提供的压力排气仪说明书给系统加压。

(4)如果安装了防尘盖,从制动钳上所有四个排气螺塞处拆下橡胶防尘盖。

(5)将一个透明的软管接到这个车轮制动钳的排气螺塞上,将软管的另一头伸入一个装着足量新制动液的透明容器中,使软管端头没入制动液。

(6)拧开排气螺塞至少一整圈或更多,以获得适当的制动液流。

(7)制动液压管路内流出少量制动液,且无空气的液流(无气泡)留在透明塑料软管和透明容器内时,拧紧排气螺塞。

(8)用相同的方法,按规定顺序给其余的车轮管路排气,直到制动液压系统内的所有空气放完。

(9)检查制动踏板行程。如果制动踏板行程过量或没有改善,说明液压制动系统内可能仍有空气，需要重新对制动系统排气。

有的仪器在排空时，将空气压缩机接入制动液更换器处，如图2-14及图2-15所示。

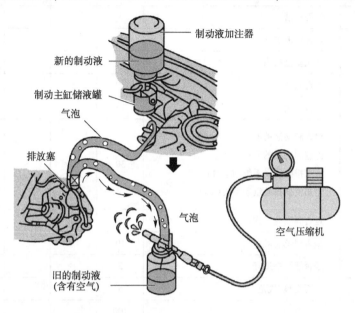

图2-14 制动系统空气排放简图

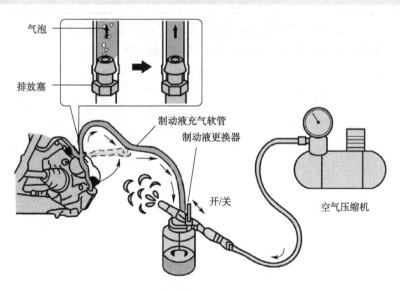

图2-15 排放空气操作示意图

三、评价与反馈

(1)对本学习任务进行评价，见表2-2。

评 分 表　　　　　　　　　　　　　　　　表 2-2

考核项目	评分标准	分数	学生自评	小组互评	教师评价	小计
团队合作	是否和谐	5				
活动参与	是否积极主动	5				
安全生产	有无安全隐患	10				
现场5S管理	是否做到	10				
任务方案	是否正确、合理	15				
操作过程	检查制动液的液面； 检查制动液的质量； 人工排除制动系统的空气； 使用仪器排除制动系统的空气	30				
任务完成情况	是否圆满完成作业	5				
工具和设备使用	是否规范、标准	10				
劳动纪律	是否能严格遵守	5				
工单填写	是否完整、规范	5				
总分		100				
教师签名：			年　　月　　日		得分	

(2) 能否向车主解释定期更换制动液的原因？如不能，分析原因？

4,6,12,13,15,16,19,20,24,25,33,34,36,37,38,40

学习任务三
制动器的维护

学习目标

完成本学习任务后,你应当能达到以下目标。
◎ 知识目标
　1. 叙述鼓式和盘式制动器的工作过程与特点;
　2. 叙述盘式制动器和鼓式制动器维护时的区别。
◎ 能力目标
　1. 制订盘式或鼓式制动器拆装的工作计划;
　2. 规范地更换制动器摩擦片;
　3. 对盘式或鼓式制动器的安装质量进行检验。
◎ 素养目标
　1. 养成独立思考的良好习惯;
　2. 形成规范作业的良好职业素养。

建议完成本学习任务的时间为 8 课时。

学习任务描述

　　一辆卡罗拉 1.6L 轿车,使用了两年左右,车主反映:制动距离过长。通过检测发现管路无泄漏、制动主缸及真空助力器工作良好，需要你对车轮制动器进行拆检维护。

 学习内容

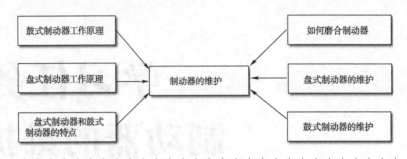

一、资 料 收 集

引导问题 1 鼓式制动器是如何实现制动作用的？

制动器是用来产生阻碍车辆运动或运动趋势的部件。汽车上一般使用的是摩擦制动器，即利用固定元件与旋转元件工作表面摩擦而产生制动力的制动器。行车制动器主要由旋转部分、固定部分、张开机构和调整机构组成。旋转部分是固定在轮毂上并与车轮一起旋转的制动鼓或制动盘；固定部分主要包括制动蹄和制动底板；张开机构是液压制动轮缸或气压式制动凸轮；调整机构主要有自动调整机构和手动调整机构。

鼓式制动器于 1920 年左右开始在汽车上广泛应用，但是由于它的可靠性以及强大的制动力，使得鼓式制动器现今仍配置在许多车型上。在获得相同制动力矩的情况下，鼓式制动装置的制动鼓直径可以比盘式制动器的制动盘小得多。因此载货用的大型车辆为获取强大的制动力，只能够在有限空间中配置鼓式制动器。

鼓式制动器结构如图 3-1 所示，鼓式制动器由带制动摩擦片的制动蹄、制动轮缸及其他零部件构成。制动鼓与车轮一起旋转，制动鼓内面就是制动装置产生制动力矩的位置。制动蹄安装在制动底板上，为不动件。两制动蹄上端靠在制动轮缸的活塞支承座上，两制动蹄下端支承在位于制动底板的支承座上，两端由复位弹簧共同拉紧，贴在间隙自动调整杠杆上。两制动蹄通过限位销钉及其弹簧，使其压靠在制动底板的六个定位支承点上。为了保证制动蹄和制动鼓的良好接触，制动底板上的六个定位支承点必须保持在同一平面内。

制动时，驾驶人踩下制动踏板，制动液进入后制动轮缸内，在液压力作用下，轮缸内活塞向外移动，克服复位弹簧的作用力，使制动蹄向外张开，紧紧地压在与车轮同步转动的制动鼓内摩擦表面上,产生与运动方向相反的制动力矩,起到制动的作用。

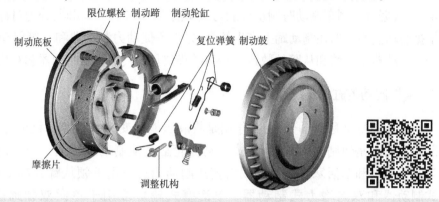

图3-1 鼓式制动器的结构

由于结构问题,鼓式制动器在制动过程中散热性能和排水性能差,容易导致制动效率下降,一般用于轿车后轮及大型车辆。除了成本比较低之外,鼓式制动器还有一个优点,就是便于与驻车制动组合在一起,凡是后轮为鼓式制动器的轿车,其驻车制动器也组合在后轮制动器上。

1 鼓式制动器的类型

制动时,两制动蹄在制动活塞施加促动力的作用下,分别绕各自的支承点向外偏转紧压在制动鼓上。如图3-2所示,旋转的制动鼓对两侧制动蹄分别作用有法向反力 F_{N1} 和 F_{N2}、切向反力 F_{T1} 和 F_{T2}。如果前制动蹄所受切向反力 F_{T1} 所造成的绕支点的力矩与张开力 F 产生的力矩同向,切向反力 F_{T1} 作用的结果使前蹄对制动鼓的压紧力增大,即 F_{N1} 增大,切向反力 F_{T1} 也更大,则称为"助势"作用,该蹄称为助势蹄或领蹄。而切向反力 F_{T2} 则使后制动蹄有放松制动鼓状况,即有使 F_{N2} 本身减小的趋势,故后蹄具有"减势"作用,该蹄称为减势蹄或从蹄。

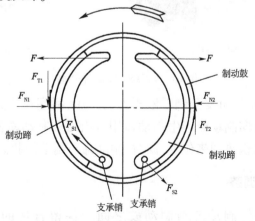

图3-2 制动器制动蹄受力分析

鼓式制动器根据制动时两制动蹄对制动鼓径向力的平衡状况,可分为非平衡式和平衡式;根据汽车倒车制动时制动效能与汽车前进制动时是否相同,分为对称式和非对称式;根据制动活塞施加在制动蹄上产生的力,分为等促动力制动器和不等促动力制动器;根据同一制动器中领蹄和从蹄的数量,分为双领蹄制动器、领从蹄制动器和双从蹄制动器。

2 制动轮缸的结构原理

制动轮缸又称制动分泵,其作用是将液压能转变为制动蹄的机械促动力,通常鼓式制动器轮缸是使制动蹄张开,盘式制动器轮缸是使制动蹄压紧。鼓式制动轮缸主要分为双活塞式和单活塞式两类。双活塞式制动轮缸应用于领从蹄式制动器、双向双领蹄式制动器和双向增力式制动器。单活塞式轮缸多用于单向双领蹄式制动器中,如BJ2020S型汽车前轮制动器,但目前已极少使用。

鼓式制动器双活塞式轮缸的结构和原理如图3-3所示,它是由缸体、活塞、油封和排气螺塞等组成。缸体位于两个制动蹄之间,它是用螺栓固定在制动底板上,缸内有两个铝合金制成的活塞,两个刃口相对的活塞油封(又称活塞皮碗)由弹簧压靠在两个活塞上,以保持两皮碗之间的进油孔畅通。活塞油封是可以保持制动轮缸缸体和活塞之间的油密封的橡胶部件。活塞外端与制动蹄配合,缸体两端防尘套用于防止尘土和水分进入,以免活塞与缸体腐蚀而卡住。

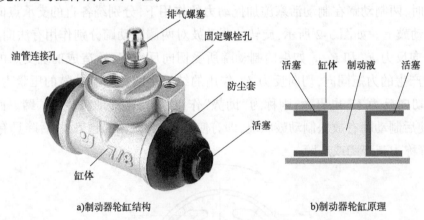

图3-3 制动轮缸的结构和原理

当汽车制动时,制动轮缸受到制动液压力的作用,活塞在压力作用下顶出活塞推动顶块,使制动蹄张开,压向制动鼓产生制动作用。当松开制动踏板时,制动液压力消失,在复位弹簧作用下活塞恢复原来位置,同时,制动蹄与制动鼓脱离,即解除制动。

3 鼓式制动器的调整

制动蹄在不工作时,制动蹄与制动鼓之间应保留合适的间隙,一般为0.25~0.5mm。如果过小,就不易保证彻底解除制动,造成摩擦副拖磨;过大又将使制动踏板行程太长,以致驾驶人操作不便,也会推迟制动器开始起作用的时刻。但在制动器工作过程中,制动摩擦片的不断磨损将导致制动器间隙逐渐增大。情况严重时,即使将制动踏板踩到下极限位置,也产生不了足够的制动力矩。因此,需要调整制动鼓和制动蹄之间的间隙。鼓式制动器调整间隙的方法有手动调整和自动调整。目前,大多数轿车都装有制动器间隙自调装置,也有一些载货汽车仍采用手工调整。

❶ 鼓式制动器间隙自动调整机构的工作原理

使用装有限位摩擦环的制动轮缸可以通过制动踏板调整间隙。如图3-4所示,限位摩擦环压入轮缸后,与轮缸壁的摩擦力可达400～500N。因为摩擦环和特殊结构的活塞之间有一定的间隙Δ,所以在轻踩制动踏板时,制动轮缸无法带动摩擦环移动,制动间隙也未能调整。一次完全制动后,轮缸液压将活塞连同摩擦环推出,解除制动后,因为限位摩擦环与轮缸间大的摩擦力,制动蹄只能恢复到活塞处于新位置的限位摩擦环接触为止,因此,摩擦环与缸壁之间的这一不可逆转的轴向位移补偿了制动器的过量间隙,自动调整到间隙设定值。

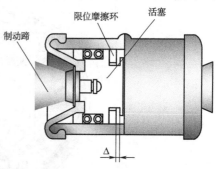

图3-4 带摩擦限位环的轮缸

有些制动器在推力板上安装楔杆来自动调整间隙,现以上海桑塔纳乘用车后轮制动器为例说明其自动调整过程。如图3-5所示,该鼓式制动器两个制动蹄之间有一制动压杆相连,楔杆的水平弹簧使楔杆与制动压杆之间产生摩擦,防止楔杆下移,楔杆的垂直弹簧的弹力使楔杆有下移的趋势。制动间隙正常时,楔杆静止不动。

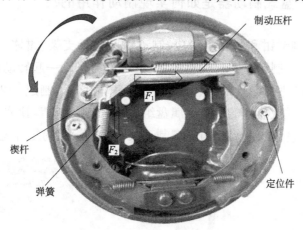

图3-5 装楔杆的鼓式制动器制动蹄自调装置

制动间隙的自动调整是在驻车制动器处于完全松开状态、行车制动发生作用时进行的。当制动间隙大于规定值时,制动蹄张开的行程加大,垂直弹簧的弹力也增大F_2,此时F_2大于F_1,迫使楔杆下移。同时制动压杆的水平弹力也被加大,摩擦力F_1也相应增大,楔杆与制动压杆在新的位置处于静止状态。

❷ 鼓式制动器间隙手动调整机构的工作原理

常见鼓式制动器制动间隙手动调整装置由推杆、调节螺母和推杆套等组成,如图3-6所示。调节螺母左端通过螺纹与推杆螺栓连接,右端套在推杆套上。调节螺母左端带有一个齿轮,通过取下制动底板上的防尘胶,可以用螺丝刀拨动调节螺母上的轮齿。拨动调节螺母上的轮齿,就可以改变推杆与调节螺母的位置,进而改变推杆螺栓和推杆套的距离,即可调整制动间隙。

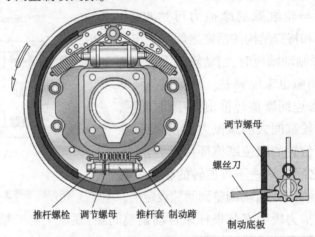

图3-6 制动间隙手动调整装置

引导问题2　盘式制动器是如何实现制动作用的?

盘式制动器由制动钳和制动盘组成,制动钳又包括支架、钳体、活塞、密封圈、油封等零件。制动盘安装在轮毂上,是一只与车轮一起转动的金属盘。制动盘有三种类型,如图3-7所示:①实心型制动盘:用一单盘转子制成。②空心型制动盘:内部空心,由内带辐射式散热片的中空金属盘组成;空心型制动盘比实心式制动盘散热性能好,但成本更高。③后轮制动盘与驻车制动鼓制造在一起的复合盘。

a)实心型制动盘　　　b)空心型制动盘　　　c)复合盘

图3-7 制动盘的类型

如图 3-8 所示,制动钳的钳体及活塞安装在制动盘的周围,大多数活塞采用耐腐蚀的优质钢材制造而成。软橡胶防尘套的两端分别安装在活塞和钳体的槽里,施加制动时,防尘套随活塞运动,这样可以防止水和碎屑进入活塞和泵之间。在更靠里的内侧还有一个由弹性橡胶制成的弹性密封环嵌在轮缸内壁。在保持制动液压力的同时,橡胶密封件也作为自动调节装置。钳体上还安装了一个排气螺塞,松开排气螺塞时可以利用制动系统的液压从系统中排出制动液和空气。

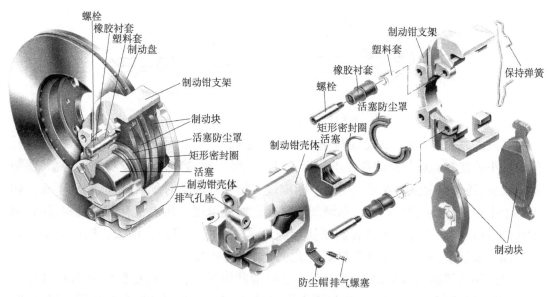

图 3-8　盘式制动器结构

车辆正常行驶时,制动块和制动盘之间有足够的间隙,所以制动块不会阻碍制动盘的旋转。在踩下制动踏板时,来自主缸的制动液进入制动钳的油缸,推动活塞压向制动块,制动块向制动盘移动,然后夹紧制动盘,使制动盘减速。松开制动踏板时,制动钳内的制动液回流到制动主缸,这时制动轮缸内的压力下降,活塞在复位装置的作用下复位。

制动块由钢制蹄片和摩擦片组成,通常蹄片和摩擦片采用铆接或粘接方式连接。为防止制动时由于制动块振动发出异常噪声,在制动块和轮缸活塞之间设有消声垫片。

很多制动块上装有磨损报警装置,用来提醒驾驶人及时更换。该装置的传感器有声音式、电子式和触觉式三种。

电子式传感器是在制动块内预埋了电路触点,其结构如图 3-9 所示,当制动块磨损到触点外露接触制动盘时,导通相应的警告灯。触觉式传感器的报警方式是让制动踏板产生脉动,警告驾驶人更换制动块。声音式传感器如图 3-10 所示,指示板实际上就是一个金属夹,安装在制动块的背部,如图 3-11 所示,当制动块磨损到一定程度时,该金属夹与制动盘摩擦发出刺耳的噪声,作为制动块磨损的警告。

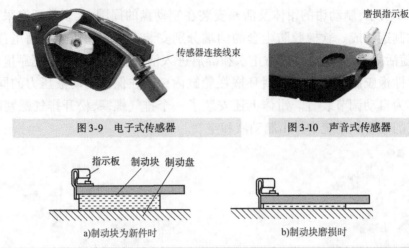

图3-9 电子式传感器　　图3-10 声音式传感器

a)制动块为新件时　　b)制动块磨损时

图3-11 声音式制动块磨损报警装置

同鼓式制动器一样,制动块与制动盘的间隙或制动盘与制动活塞的间隙要适当。间隙过小易使制动块与制动盘在正常行驶时就接触摩擦,容易产生发咬拖滞现象,使制动器发热,还会白白消耗发动机动力。间隙过大则导致制动时延误时间、制动不良。如果四个车轮制动器间隙不一致,车辆制动时会跑偏或甩尾。如果没有调整机构,随着制动块的磨损,制动块与活塞或者制动块和制动盘之间的间隙就会增大。这就需要活塞能自动向前移动,来保持制动盘和制动块之间恒定的间隙。

盘式制动器制动盘与制动块或活塞之间的间隙通常由活塞橡胶油封自动进行调整,如图3-12所示。制动时,活塞将压力作用到制动块上,油封的矩形截面形状被改变;松开制动踏板时,油封恢复其原始形状,活塞复位,以保持制动盘和制动块之间的设定距离。如果制动块磨损或制动盘磨损存在过量间隙时,活塞行程增加,当活塞移动量超过弹性密封环弹性变形时,密封环在活塞上滑动,直到完全制动为止。解除制动后,按照相同的方式,补偿和继续保持正确的间隙。当活塞的弹性密封环发生老化或损坏时,应及时更换弹性密封环,以保证制动器制动间隙的自动调整功能。活塞如果不能正确的复位,会造成制动拖滞、制动跑偏等故障。

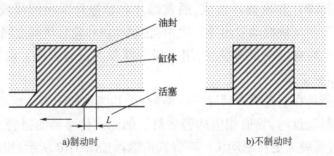

a)制动时　　b)不制动时

图3-12 制动轮缸油封的复位作用

根据盘式制动器制动盘固定在支架上结构形式,可分为定钳盘式制动器和浮钳盘式制动器。浮动钳盘式制动器又可分为单活塞式和双活塞式。定钳盘式制动器应用较广泛,定钳盘式制动器又分为双活塞式和四活塞式。

浮钳盘式制动器制动原理如图3-13所示,其结构包括随同车轮转动的制动盘、浮动型制动钳、活塞、导向销等。浮钳盘式制动器的钳体固定点采用销或滑轨式设计,制动时钳体可以移动,故称为浮钳盘式。制动钳体通过导向销与车桥相连,可以相对于制动盘轴向移动。制动钳体只在制动盘的内侧设置油缸,而外侧的制动块则附装在钳体上。制动时,来自主缸的液压油通过进油口进入制动油缸,推动活塞及其上的制动块向右移动,并压到制动盘上,于是制动盘给活塞一个向左的反作用力,使得活塞连同制动钳体整体沿导向销向左移动,直到制动盘右侧的制动块液压仅在制动盘上。此时,两侧的制动块都压在制动盘上,夹住制动盘使其制动。浮钳盘式制动器的外侧无液压件,单侧的油缸结构不需要跨越制动盘的油道,不易产生气阻,而且制动液受热汽化的机会较少。因为轴向和径向尺寸较小,更便于布置。但是浮钳盘式制动器刚度较小,制动块易产生偏磨损。

定钳盘式制动器制动钳固定在车桥上,制动盘的两侧均要设置一个或两个活塞,可推动制动块。如图3-14所示,制动时,制动油液由进油口进入钳体中两个相通的液压腔中,将两侧的制动块压向与车轮固定连接的制动盘,从而产生制动。这种制动器存在着以下缺点:油缸较多,使制动钳结构复杂;油缸分置于制动盘两侧,必须用跨越制动盘的钳内油道或外部油管来连通,这使得制动钳的尺寸过大,制动液也容易受热汽化;需要作为驻车制动器时,结构更为复杂。

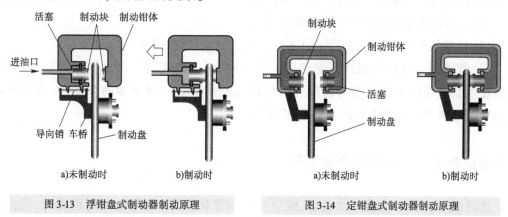

图3-13 浮钳盘式制动器制动原理　　图3-14 定钳盘式制动器制动原理

引导问题3 盘式制动器和鼓式制动器有哪些特点?

1 盘式制动器的特点

(1)一般没有摩擦助势作用,因而制动效能受摩擦因数的影响较小,制动效能低但稳定。

(2)浸水后制动效能降低较小,沾水后在离心力的作用下很快被甩净,一般只需经一两次制动即可恢复正常。

(3)制动盘和轮缸暴露在空气中,难以避免尘污和锈蚀,但是盘式制动器散热能力强,制动性能的"热衰退"较轻,热稳定性好。

(4)制动盘升温后沿厚度方向的热膨胀比鼓式制动器的径向热膨胀小得多,间隙自动调整过度问题不易发生,也不会引起制动踏板行程过大。

(5)结构简单,较容易实现制动间隙的自动调整,维护作业比较简单。

(6)因无助势作用,盘式制动器制动效能低,用于液压制动系统时所需制动管道压力较高,一般要使用伺服装置,即需在液压传动装置中加装制动加力装置(如真空助力器)和采用较大直径的制动轮缸。

(7)兼用于驻车制动时,需要加装的驻车制动装置比较复杂,因而在后轮的应用受到限制。

2 鼓式制动器的特点

(1)有助势作用,使制动系统可以使用较低的油压,或是使用直径比制动盘小很多的制动鼓。

(2)容易安装驻车制动器,有些后轮采用盘式制动器的车型,会在制动盘中心部位制造制动鼓,用于安装鼓式制动的驻车制动结构。

(3)零件的制造较为简单,制造成本较低。

(4)构造复杂、零件多,制动间隙需要调整,增大了维修成本。

(5)鼓式制动器的制动鼓在受热后直径会增大,会造成踩下制动踏板的行程加大,容易发生制动效果不如预期的情况。因此在驾驶采用鼓式制动器的车辆时,要尽量避免由于连续制动造成高温而产生的衰退现象。

引导问题4 **如何磨合制动器?**

修理或更换制动鼓或制动盘后,或更换制动摩擦片后,在行驶很短距离时,若出现制动发软的情况,一定要磨合制动接合面。只能在安全的路面及安全的交通状态下进行这些步骤。

(1)以 50km/h 速度驾驶车辆在平直道路上行驶。

(2)采用大致中等制动力,使制动时间在 3～5s,让车辆从 50km/h 速度到完全停止。

(3)为冷却制动系统,以 50km/h 速度驾驶车辆 1min 以上。

(4)重复进行步骤(1)至(3),须做 10 次以上完成磨合步骤。

二、实施作业

引导问题 5 作业需要哪些工具、设备和材料?

(1) 梅花开口扳手一套、盘式制动器活塞压入工具、车轮螺栓扳手。
(2) 千分尺、弹簧秤。
(3) 磁力护裙、转向盘防尘罩、变速杆手柄套、驻车制动拉杆套、脚垫和座椅套、干净抹布。
(4) 举升机、真空吸尘器、制动液抽吸工具。
(5) 绳索或铁线。
(6) 无水酒精或专门清洗零件的清洗剂、湿毛巾、润滑脂、胶带。
(7) 卡罗拉1.6L轿车维修手册。

引导问题 6 通过查询和查找填写以下信息。

生产年份_____,车牌号码_____,行驶里程_____km,发动机型号及排量_____,车辆识别代号(VIN)_____。

引导问题 7 作业前的准备工作有哪些?

(1) 汽车进入工位前,将工位清理干净,准备好相关的器材。
(2) 将汽车停在举升机中央位置,将举升机升起至车轮悬空。
(3) 将变速杆置于空挡或P挡。
(4) 套上转向盘防尘罩、变速杆手柄套和座椅套等,铺设脚垫。
(5) 粘贴翼子板和前脸磁力护裙。

引导问题 8 如何维护盘式制动器?

汽车制动系统技术状况是否完好,直接关系着汽车的行车安全。因此,对制动系统技术状况的变坏,应及时地进行故障分析,找出故障原因,采取有效的措施,对制动系统进行维护、修理及调整,以恢复其良好的制动性能,确保汽车安全。当汽车行驶一定里程后,前制动块磨损严重,或磨损指示报警制动块至极限磨损时,应更换前轮制动器的制动块。

1 更换盘式制动器制动块

1 拆卸制动块

(1)拆下前轮。

图 3-15 翻转制动钳

(2)拆下制动轮缸,如图 3-15 所示,如果仅仅是更换制动块,可不拆下制动钳,只需要将制动钳翻转。如果还有其他作业需要将制动钳拆下时,拆下制动轮缸 2 个安装螺栓。2 个安装螺栓的长度不一样,注意它们的安装位置。拆下制动轮缸并用铁丝或绳索固定好,使制动软管不受拉伸。

不要脱开制动器软管,否则制动液会流出,造成空气进入管道等不良后果。制动钳拆下后,不要踩下制动踏板。不能使用汽油、柴油清洗制动器各部件及连接管,最好使用专门的清洗剂或使用无水酒精清洗零件。

(3)拆卸制动块及附件,如图 3-16 所示。拆下制动块、消声垫片、磨损指示板及制动块支承板。

更换磨损的制动块时,同一车轴上的两对制动块一同更换,而且消声垫片和磨损指示板必须连同制动块一起更换。制动块的构成成分为有毒物质,经常吸入其微尘容易致癌。所以在维护作业中,切勿使用压缩空气或毛刷来清理,应使用真空吸尘器或湿毛巾来清理。

2 安装制动块

安装制动块时,按与拆卸相反的顺序进行,但需要注意以下事项。

(1)因为新的制动块较磨损后的旧制动块厚,所以要使用压入工具,将活塞推入,如图 3-17 所示。为了防止推进活塞时,制动液从制动储液罐中溢出,应在此之前抽吸少量的制动液,否则会引起制动液外溢,损坏表面油漆。如果推入活塞困难,在推入活塞的同时应松开排气螺塞以便排放一些制动液。

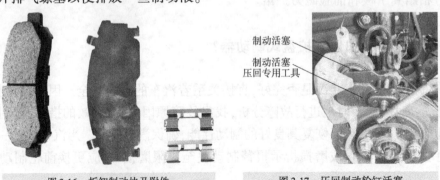

图 3-16 拆卸制动块及附件

图 3-17 压回制动轮缸活塞

(2)安装制动块时,在制动块两端与制动钳支架接触部位、背面与制动块垫片接触部位涂上润滑脂。要注意不能让制动盘和制动块粘到润滑脂,否则制动效能将会降低。

(3)安装制动钳固定螺栓时,在滑套内加注润滑脂。

(4)安装制动钳后,停车时用力将制动踏板踩到底数次,让制动轮缸及制动块处于适当的位置。

(5)安装后需要检查制动液液位。

(6)安装前轮时拧紧力矩为 103N·m,不能往轮胎螺栓上涂敷油液。

(7)更换制动块后,为了磨合制动块和制动盘并确保性能和寿命,必须通知用户在安装新制动块后的 200km 内避免紧急制动或长时间的制动。

(8)制动器维修完毕后应进行路试。

2 拆卸盘式制动器

在二级维护时,为保证制动性能,对前轮制动器有拆检的要求。以卡罗拉轿车左前轮制动器为例,拆卸方法如下。

1 拆检前轮盘式制动器的注意事项

(1)在拆卸轮胎前,做好安全措施;

(2)按照正确的拆卸步骤进行拆卸;

(3)将拆卸下来的零件按顺序摆放好;

(4)不能让油污等直接接触到制动块表面;

(5)用螺丝刀拆滑套、防尘套等零件时,为防止损坏,在螺丝刀头部缠上胶带;

(6)不允许将制动盘硬性地从轮毂上拆下,应使用防锈剂拆卸,否则会损坏制动盘。

2 盘式制动器的拆卸步骤

拆卸盘式制动器时参考图 3-18。

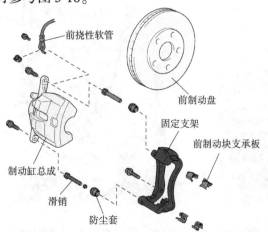

图 3-18 卡罗拉左前轮制动器

（1）拆卸前轮。顶起汽车前轮；拆卸时注意安全、务必将车辆固定好，以防车辆突然倒塌伤人；按顺序拆下 5 个轮胎螺栓；要合理规范地使用工具，并注意必须检查拆卸时使用力矩小的轮胎螺栓及螺栓安装座孔；卸下前轮。

（2）如有需要，排净制动液。

（3）如图 3-19 所示，拆下接头螺栓和衬垫，分离前挠性软管。

（4）如图 3-20 所示，拆下固定前盘式制动器制动缸滑销，并拆下 2 个螺栓和盘式制动器制动缸总成。注意：重新安装时，一般要求更换制动钳固定螺栓。

图 3-19　分离挠性制动软管

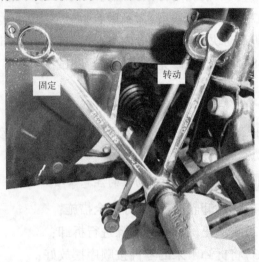

图 3-20　拆下制动缸

（5）如图 3-21 所示，拆下 2 个盘式制动块及 4 个消声垫片，拆下支承板。支承板的安装位置如图 3-22 所示。一定要在各制动块支承板上做好识别标记，以便将其安装至各自的原位。

图 3-21　拆下消声垫片

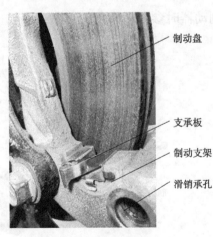

图 3-22　支承板位置

学习任务三　制动器的维护

（6）拆下前盘式制动器制动缸滑销，滑销位置如图3-23及图3-24所示。将螺丝刀缠上胶布，用螺丝刀从下滑销上拆下滑套。在上、下滑销上涂抹润滑脂，如图3-25所示。

图3-23　制动器上滑销位置　　　图3-24　制动器下滑销位置

（7）拆下前盘式制动器制动主缸2个衬套防尘罩，如图3-26所示。

（8）如图3-27所示，从转向节上拆下2个螺栓和制动轮缸固定架。

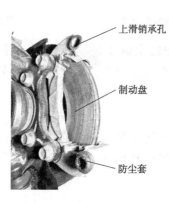

图3-25　在滑销上涂抹润滑脂　　图3-26　制动主缸衬套防尘套　　图3-27　拆下制动轮缸固定架

（9）在制动盘和车桥轮毂上做好装配标记，拆下前制动盘。

❸ 拆解盘式制动轮缸

拆解盘式制动轮缸时可参考图3-28，拆卸步骤如下。

（1）如图3-29所示，用螺丝刀拆下制动轮缸防尘罩定位环和制动轮缸防尘罩。

（2）用压缩空气从制动钳壳体里压出活塞。如图3-30所示，压出活塞时，在活塞凹入处放一木块，以免损坏活塞。用压缩空气时不要将手指放在活塞前面。

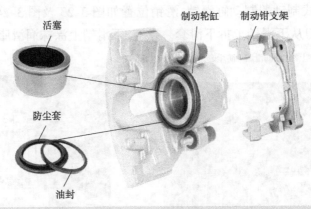

图 3-28 制动轮缸分解图

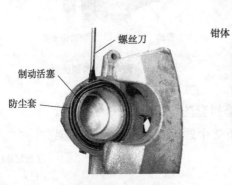

图 3-29 拆下制动轮缸防尘罩

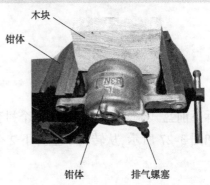

图 3-30 压出活塞

(3)从盘式制动器制动轮缸上拆下活塞密封圈时注意,要使用专用工具或木条,使用螺丝刀等有刃口工具时需要缠上胶带,不要损坏制动轮缸内表面或活塞密封凹槽。

3 检修盘式制动器

检查制动器的同时不要忽视了制动管路的检查。一般要求制动软管、制动铁(铜)管及管路接头无损坏、泄漏、扭曲及和其他零件有运动干涉现象。

1 检修制动钳

(1)检查制动钳中是否有液体渗漏,如果是密封环渗漏,选择专用维修包中的零件进行更换。

(2)检查活塞和制动缸座孔是否生锈或有划痕。如有必要,更换盘式制动器制动缸和活塞。

(3)检查浮钳式制动钳移动是否灵活,检查及润滑导向销及衬套。清洗制动钳壳体时应使用无水酒精,如果使用汽油清洗,可能会造成防尘套或油封损坏。

2 制动块厚度的检查

制动块的标准厚度为 12.0mm,最小厚度为 1.0mm(此厚度不包括制动块上的钢板),如图3-31所示。一般的制动块都有警告装置,到了相应的磨损量,会发出警告提示。如果制动块厚度小于最小厚度,应更换制动块。

如果是未拆卸制动块,可以使用一把金属直尺在制动块两端、检查孔等多处测量制动块的厚度,确保制动块没有不均匀磨损。外制动块厚度可通过轮辐上的孔来检查;内制动块的厚度可用手电筒和反光镜来检查。如果制动块的厚度低于磨损极限,则更换制动块。

图3-31　测量制动块的厚度

❸ 制动块磨损均匀情况的检查

检查内外制动块的磨损是否均匀,若内侧制动块的磨损比外侧多,则须维修卡钳。若外侧制动块的磨损比内侧多,则总成的滑动元件可能黏附、弯曲或变坏,应重点检查这些部位。在任何情况下,制动块的不均匀磨损是制动卡钳需要维修、制动块需要更换的信号。

通过该次检查和上一次检查之间的行驶距离,估计到下一次检查前的行驶距离,如图3-32所示。通过上一次检查到该次检查制动块的磨损,来估计制动块在下一次检查时的情况。如果估计制动块的厚度将会小于可接受的磨损值,建议车主在下一次检查时更换制动块。

❹ 制动块支承板的检查

检查制动块支承板时,应保证其具有足够的弹性,没有变形、裂纹或磨损,并清除所有的锈迹和污垢。如有必要,应更换制动块支承板。

❺ 检修制动盘

检修制动盘时,要检查其是否破损或有裂纹,如有应进行更换。如果凹槽磨损,可以进行维修。检查制动盘的振摆、厚度和平行度是否符合要求,检查方法如下。

(1)检查制动盘厚度及平行度。如果制动盘的厚度改变,则将会引起踏板跳动、抖动和喘振等现象。如图3-33所示,利用千分尺,在制动盘外缘距圆心10mm的均匀的八个点处,测量制动盘厚度,卡罗拉轿车前轮制动盘标准厚度为22.0mm,最小厚度为19.0mm。如果最小值小于最大修整极限,则更换制动盘。最大值与最小值的差值即为平行度,平行度不能超过规定值(参考值:0.015mm),否则需要更换或维修制动盘。制动盘磨损超过极限值时,原则上应同时更换同一车桥上的两个制动盘。行驶里程很低时,若某一制动盘损坏,允许更换单个制动盘。制动盘需要切削加工时,要以新盘厚度为基准,在两侧进行均匀的切削。维修的极限应符合规定值。

(2)检查制动盘刻痕、锈迹、异常磨损、裂纹和其他损坏。如果相当长的时间没有开动汽车,那么制动盘部分因不与制动块接触而会生锈,并由此引起噪声和抖动。若在安装新的制动块部件之前,不清除因磨损而生成的沟纹以及划痕,则制动盘和制动块之间的接触将会产生瞬间的不均匀现象。

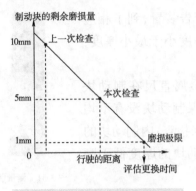

图 3-32　估计制动块剩余磨损量

图 3-33　检查制动盘厚度及平行度

（3）检查前轮毂轴承的松弛度和径向圆跳动。如果盘式转子出现任何分段、不均匀或者异常磨损、裂纹或者其他损坏，则需用专用工具固定制动盘，并用 3 个螺母以 103N·m 的力矩紧固制动盘。检查前轮毂轴承的松弛度和径向圆跳动，以及制动盘圆跳动的范围。

如图 3-34 所示，将百分表垂直置于前桥轮毂分总成中心，测量圆跳动（最大为 0.05mm），检查前桥轮毂轴承松弛度。如果松动超过最大限度，则更换前桥轮毂分总成。

图 3-34　检查前桥轮毂轴承松弛度

如图 3-35 所示，将百分表垂直置于前桥轮毂螺栓外，测量圆跳动（最大为 0.05mm），检查前桥轮毂的径向圆跳动。如果松动超过最大限度，则更换前桥轮毂分总成。

（4）检查制动盘圆跳动。制动时过热将会引起制动盘挠曲变形。检测前清理制动盘的污锈，装上合适的垫片（厚度接近轮盘）和车轮螺母，安装百分表及支座，让百分表测量杆处于制动盘外缘往圆心 10mm 处，如图 3-36 所示，转动制动盘，测量制动盘的径向圆跳动。制动盘最大径向圆跳动为 0.05mm。如果径向圆跳动超过最大值，改变车桥轮毂上制动盘的安装位置以减小径向圆跳动。如果安装位置改变后径向圆跳动仍超过最大值，则研磨制动盘。如果制动盘厚度小于最小值，应更换制动盘。

维修制动盘时，应均匀地打磨制动盘两侧面（边缘处），并保证有足够的磨损余量。

学习任务三 制动器的维护

图 3-35 检查前桥轮毂的径向圆跳动

图 3-36 检查制动盘的径向圆跳动

4 安装盘式制动器

安装时按与拆卸相反的顺序进行,要注意以下事项:

(1)如图 3-37 所示,压回制动活塞,安装活塞密封圈、制动缸防尘罩、衬套防尘罩、滑销及滑套、1 号消声垫片时要涂抹制动器润滑脂。

(2)要将活塞密封圈牢固安装至制动缸凹槽内。

(3)不要强行将活塞安装至盘式制动器制动缸总成内。

(4)将定位环牢固安装至制动缸防尘罩,不要损坏制动缸防尘罩。

(5)确保每个制动块支承板都安装至正确的位置和方向。

(6)更换磨损的制动块时必须一同更换消声垫片,在正确的位置和方向安装消声垫片;在与消声垫片接触的部位涂抹盘式制动器润滑脂;盘式制动器润滑脂可能会从消声垫片的安装部位稍稍溢出。

图 3-37 压回制动活塞

(7)盘式制动块或制动盘摩擦面上应无油污或润滑脂。

(8)拆卸后注意检查制动管路连接部分是否有液体渗漏。检查制动管路是否有凹痕或者其他损坏。检查制动软管是否扭曲、磨损、开裂、隆起等。如果需更换前轮制动器挠性软管,要注意不要弯曲或损坏制动管路,不要让任何异物(如污垢和灰尘)进入制动管路;由于左右软管不能互换,安装挠性软管时要检验零件号。

(9)安装前轮前,需对制动液储液罐进行加注;对制动主缸进行排气;对制动管路进行排气;对制动器执行器进行排气;检查制动液是否泄漏及检查制动液液位。

(10)制动器安装阻力的测试。将制动器安装好,踩下制动踏板,再松开踏板,将前制动盘旋转 10 圈,如图 3-38 所示,用弹簧秤拉动前轮毂,其转动不应大于 120N(此值要减去轮毂的轴承阻力),否则应重新检查制动盘的偏摆或更换制动缸的油封。

a)未安装制动钳时　　　　　　b)安装制动钳时

图3-38　前制动器安装阻力的测试

5 后轮盘式制动器的拆装及检修

卡罗拉轿车后轮也是采用盘式制动器,但是它还能起到驻车的作用,拆卸制动器及拆卸制动钳体时参考图3-39和图3-40。其拆装及检修方法与前轮制动器拆装方法类似,有以下五点不同。

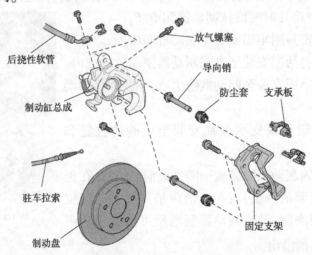

图3-39　卡罗拉后轮制动器结构

(1)排净制动液后,需要拆卸仪表板左下装饰板,拆卸仪表板右下装饰板,拆卸变速杆把手分总成,拆卸中央仪表组装饰板总成等。

(2)拆卸后轮制动器前要完全松开驻车制动杠杆,松开并调整锁紧螺母以完全松开驻车制动器拉索,如图3-41所示。从后盘式制动器制动缸操作杆上断开3号驻车制动器拉索总成。在3号驻车制动器拉索总成底部插入弯颈扳手(14mm)以脱开卡子。从后盘式制动器制动缸总成上拉出3号驻车制动器拉索总成。

(3)拆卸及安装后盘式制动器活塞时,要采用专用工具,制动轮缸活塞结构如图3-42所示,制动轮缸活塞正面有凸缘,便于使用专用工具压装制动轮缸活塞,如

图3-43所示,制动轮缸内有一个螺杆,要使活塞轴向和径向都受力,才能使活塞复位。

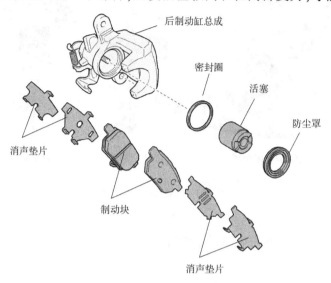

图3-40　卡罗拉后轮制动轮缸结构

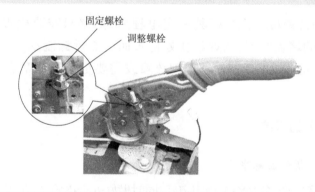

图3-41　调整驻车拉索锁紧螺母

图3-42　制动轮缸活塞

(4)检查后轮制动块标准厚度为9.5mm,最小厚度为1.0mm,如果制动块厚度等于或小于最小厚度,更换盘式制动块。

(5)安装完后轮制动器后调整驻车制动杠杆行程。

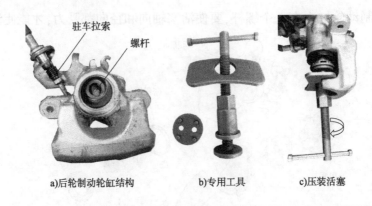

a) 后轮制动轮缸结构　　b) 专用工具　　c) 压装活塞

图 3-43　安装制动轮缸活塞

引导问题9　如何维护鼓式制动器?

1 就车检查鼓式制动器

检查制动摩擦片厚度。汽车行驶一定里程后,如果只需要检查制动摩擦片的状态,可以把制动器的堵盖卸下,从观察孔处检查而不必拆卸制动器。制动摩擦片的厚度一般不能小于1mm,如果后制动器出现故障或需要更换制动摩擦片,则应拆卸后制动器。

2 鼓式制动器的拆装

① 鼓式制动器拆卸注意事项

(1) 拆卸时注意安全、务必将车辆固定好,同时做好安全措施,以防车辆突然倒塌伤人;
(2) 按照正确的拆卸步骤进行拆卸;
(3) 将拆卸下来的零件按顺序摆放好;
(4) 不能让油污等直接接触到制动摩擦片表面;
(5) 要合理规范地使用工具;
(6) 制动鼓拆下后,不要踩下制动踏板。

② 鼓式制动器的拆卸

(1) 拆下制动鼓。如果由于生锈,制动鼓被卡在后桥凸缘中,制动鼓很难拆卸。可以将8mm直径的螺栓拧入两个检查孔中。均匀地拧紧螺栓将制动鼓顶起,一次拧紧一点。为了防止制动鼓损坏,不要施加过大的力。可以在凸缘上涂一些润滑剂。一旦制动鼓稍微顶起,松开螺栓并将制动鼓推入。重复该过程直到制动鼓能够被拆卸为止。

如果制动蹄和制动鼓之间的间隙太小,或者制动鼓已经有分段或者条纹磨损,拆卸制动鼓前,应先使制动蹄复位。天津威驰轿车制动鼓与制动蹄调整间隙方法如图3-44所示,拆下孔塞,经制动底板插入一把螺丝刀,使制动自动调整弹片与调整器分开。用另一把螺丝刀,转动调整轮来调短调整器的长度。

a)调整器　　　　　　　b)调整器的位置

c)调整孔位置

图3-44　放松调整器

(2)制动蹄的拆卸。拆下后制动蹄复位弹簧,如图3-45所示;拆下制动蹄定位销,如图3-46所示;拆卸带调整器的前制动蹄;脱开驻车制动器拉索,如图3-47所示;拆下调整器,如图3-48所示。

图3-45　拆下复位弹簧

(3)拆下制动轮缸。一般在制动轮缸需要更换时,才需要拆下制动轮缸。拆卸制动轮缸顺序为:抽吸储液罐中的制动液;如图3-49所示,拆下制动轮缸上的连接油管;松开制动轮缸上的固定螺栓,将制动轮缸取下。

图 3-46　拆下制动蹄定位销

图 3-47　脱开驻车制动器拉索

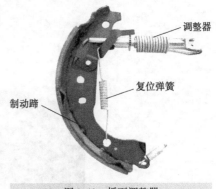

图 3-48　拆下调整器

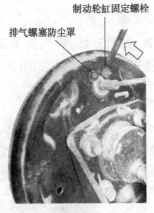
a)拆松油管

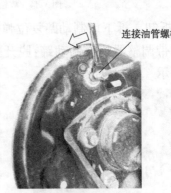
b)拆下固定螺栓

图 3-49　拆下制动轮缸

❸ 鼓式制动器的安装

鼓式制动器的安装可按拆卸时的逆顺序进行,在安装过程中应注意下列事项:

(1)安装前必须用干净棉纱擦净制动摩擦片及制动鼓工作表面,其工作面上不得有任何油脂、油迹。

(2)在制动摩擦片安装前,在滑动面上抹涂高温润滑油脂,注意不要让润滑脂粘到制动摩擦片和制动鼓上。滑动面包括推杆、推杆套和制动蹄接触部位、驻车制动拉杆上销钉和制动蹄接触部位、自动调节拉杆与制动蹄接触部位等。

(3)调短间隙调整机构,以便安装制动鼓。

(4)用手移动制动摩擦片时应顺利。

(5)安装制动鼓前,要清理轮毂空腔中的旧润滑脂,并重新将高温润滑脂注入轮毂。

(6)制动器及车轮安装完毕后,应起动发动机,踩制动踏板数次。如有必要,应对制动系统进行排气。

鼓式制动器安装完后,检查有无拖滞现象。踩动几次制动踏板,来调整自调式制动器。最后,按要求调整驻车制动。

3 鼓式制动器的检修

① 制动蹄的检修

(1)使用砂纸清洁制动摩擦片并清除油污。

(2)检查制动蹄和制动摩擦片有无裂纹、松动和损坏。若有,则应更换制动蹄总成,不要维修损坏的制动蹄和制动摩擦片。

(3)制动摩擦片和制动鼓连接的检查。用粉笔涂制动鼓的内表面,然后用制动摩擦片进行配合研磨。如果接触面很不均匀,则应更换制动摩擦片。检查后擦掉粉笔灰。

(4)在磨损最严重的位置测量制动摩擦片的厚度,制动摩擦片厚度的使用极限一般为1mm,测量每个制动摩擦片厚度,当磨损超过或接近使用极限时应予以换新。如果左右侧的制动摩擦片有明显的厚度差,则应检查活塞的滑动状况。制动摩擦片在车轴上应成组更换,以保证制动力平衡。

(5)拆卸制动器后,检查制动摩擦片在其上面滑动的背板区域的磨损。

(6)检查制动摩擦片与背板和固定件之间的接触面是否磨损,检查制动摩擦片、背板和固定件是否生锈。

② 制动轮缸的检修

制动轮缸工作一定时间后,会出现缸筒和活塞磨损、密封圈老化等问题,造成密封性能变差、制动力不足,应及时检修。检查制动轮缸可按图3-50所示的方法先后扳开制动轮缸两侧的防尘罩,观察防尘罩下侧有没有漏油的痕迹。

(1)检查防尘套是否完整。如果防尘套不完整,灰尘很容易在活塞和缸体上停留,容易造成制动轮缸泄漏。

(2)拉开每个轮缸的防尘罩,通常,看见有少量的制动液是正常的,因为制动液对活塞起润滑作用。但防尘罩后面有大量的制动液是不

图3-50 检查制动轮缸

正常的,说明制动液通过活塞密封圈向外泄漏。

(3)推动轮缸活塞,应灵活而不发卡。

(4)检查排气螺塞是否堵塞,固定螺栓是否松动。

除非制动轮缸正在泄漏或有泄漏痕迹,否则,一般不拆卸和重装。对于有泄漏的制动轮缸,一般要求采用更换法维修。

❸ 制动鼓的检修

制动鼓由于其工作时温度高,压力大,工作条件恶劣,因而易出现变形、磨损、裂纹等故障。制动鼓拆卸后,应对其进行严格检查,其方法如下:

(1)彻底清洁制动鼓,除去灰尘和脏物。

(2)检查制动鼓制动表面的划痕、凹槽及裂纹。大多数制动鼓的划痕是由砂粒或灰尘被夹在制动摩擦片和制动鼓之间作为磨料引起的。当然暴露的铆钉头或很硬的劣质制动摩擦片也会使制动鼓表面出现沟槽。制动鼓上的裂纹是由过大的应力引起的。其裂纹可出现在任何地方,但常见的大多数裂纹出现在螺栓孔附近或凸缘的外边。小的裂纹常常难以看见或常常在加工修复后才被发现。制动鼓一旦出现裂纹,必须更换。另外高度磨光的制动鼓表面会引起制动噪声及制动力不足。

对于较轻的表面划痕,用细砂布抛光平即可;对于中等严重程度的划痕,可在车床或制动鼓镗削机上进行加工修复;任何裂纹的出现意味着必须更换制动鼓。

加工制动鼓时须注意,同轴的两侧制动鼓的尺寸应一致,以保证同轴左右车轮产生的制动力相等。因此,一侧制动鼓因缺陷进行切削加工时,同轴另一侧制动鼓也必须用相同的加工方法切削加工至相同直径。

(3)通过目检制动摩擦片的磨损情况来判断和揭示制动鼓缺陷。如制动摩擦片的一端磨损严重,则表明制动鼓变形,圆度超差;如制动摩擦片磨损不均匀,则可能是制动鼓变成锥形所引起的。

(4)检查制动鼓的磨损状况及变形状况。其方法是利用内径游标卡尺(或制动鼓测量规),在制动鼓工作表面的周围上多处测量制动鼓的内径(磨损量极限为1~2mm),如图3-51所示。当测量的直径超过允许的最大值时,应更换制动鼓。当制动鼓变形产生锥度或圆度超差而加工余量足够时,应对其进行加工修复。

通过测量多个点上的内径值可判断制动鼓是否圆度超差。制动鼓圆度超差是由于制动期间制动鼓的工作温度较高和压力较大引起的。通常制动鼓稍有圆度超差,看起来好像是好的。

图3-51 测量制动鼓圆度

但由于圆度超差的制动鼓在其直径上有较大变化,所以制动时会引起拖曳、卡住、制动踏板振动或脉动。因此,当制动鼓圆度超差到足以引起车辆振动或当制动不平稳时,应在车床或制动鼓镗削机上对制动鼓圆度超差缺陷进行修复加工。若加工直径超过允许的制动鼓最大直径,则应更换制动鼓。

❹ 其他零部件检修

(1)各种弹簧的检查。检查全部复位弹簧和压紧弹簧有无伸长圈或收缩圈、扭转弯曲变形、钩环损坏情况;检查弹簧是否变色,弹簧变色是弹簧工作时过热的表现。变色的弹簧会损失一部分弹力而丧失其应有的工作性能,是一种潜在缺陷。弹簧出现上述任何一种情况,均应予以更换。

检查弹簧弹力可采用弹簧下落法。该法简便易做,检查时,使弹簧垂直跌落到清洁的水泥地面上,若弹簧反跳并带有坚实的声音,则该弹簧是好的;若弹簧带有微弱的声音反跳,则该弹簧是"疲劳"了,应该更换。当然检查弹簧弹力的最准确方法是用弹力仪进行检测,将其结果与标准值进行比较,从而确定弹簧是否更换,但是这一方法在维修现场用得较少。

(2)调整螺母总成检查。检查制动间隙自动调整螺母的棘齿及其棘爪是否损坏或变钝;检查调整螺母及螺杆各螺纹牙有无损坏,确保调整螺母旋动不阻塞或卡住。每次拆卸时,均要清洁和检查调整螺母总成,对损坏的零件应加以更换。安装时,可用车轮轴承润滑脂或防粘剂润滑螺纹,确保调整螺母总成工作正常。

(3)制动器底板检查。检查制动底板有无破裂或弯曲的迹象,若有任何一种损坏都必须更换。检查制动底板上的凸台,它们必须无锈蚀或其他表面缺陷。

三、评价与反馈

(1)对本学习任务进行评价,见表3-1。

评 分 表　　　　　　　　　　　表3-1

考核项目	评分标准	分数	学生自评	小组互评	教师评价	小计
团队合作	是否和谐	5				
活动参与	是否积极主动	5				
安全生产	有无安全隐患	10				
现场5S管理	是否做到	10				
任务方案	是否正确、合理	15				
操作过程	前轮盘式制动器的维护; 后轮盘式制动器的维护; 鼓式制动器的维护	30				

续上表

考核项目	评分标准	分数	学生自评	小组互评	教师评价	小计
任务完成情况	是否圆满完成作业	5				
工具和设备使用	是否规范、标准	10				
劳动纪律	是否能严格遵守	5				
工单填写	是否完整、规范	5				
总分		100				
教师签名：			年　月　日		得分	

(2) 试分析鼓式制动器和盘式制动器结构原理的异同。

学习任务四
制动跑偏故障的诊断与排除

学习目标

完成本学习任务后,你应当能达到以下目标。

◎ 知识目标

1. 叙述制动系统的常见故障及故障现象;
2. 叙述制动跑偏和制动侧滑的区别。

◎ 能力目标

1. 对制动跑偏故障进行排除;
2. 当客户预约排除车辆制动跑偏故障时,可提前做好准备工作。

◎ 素养目标

1. 培养运用理论知识分析故障的思维方式;
2. 培养严密的逻辑思维。

建议完成本学习任务的时间为 6 课时。

学习任务描述

　　一辆卡罗拉1.6L轿车,车主反映:该车制动时向左边跑。需要你对该车的故障进行分析及排除。

学习内容

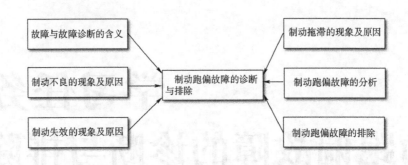

一、资料收集

引导问题 1 故障与故障诊断的含义是什么?

　　汽车故障是指汽车部分或完全丧失工作能力的现象,是汽车零件本身或零件之间相互连接或配合发生异常变化的结果。

　　汽车故障诊断是指在不解体(或仅拆下个别小零件)的情况下,确定汽车的技术状况,查明故障部位及故障原因的汽车应用技术。汽车技术状况是指定量测得的表征某一时刻汽车外观和性能参数值的总和。故障诊断是汽车维修前的确诊环节,也是汽车维修中的关键步骤;是以检测和试验的综合方式对汽车故障进行的全面分析,找出故障发生的准确部位,为尽快修复汽车提供可靠依据。

　　故障诊断的基本思路是:问诊、试车、分析、假设、验证。故障诊断基本方法主要分为两种:直观诊断法和现代仪器设备诊断法。直观诊断法又称人工经验诊断法,是指诊断人员凭丰富的实践经验和一定的理论知识,在汽车不解体或局部解体情况下,依靠直观的感觉印象、借助简单工具,采用眼观、耳听、手摸和鼻闻等手段,进行检查、试验、分析,确定汽车的技术状况、查明故障原因和故障部位的诊断方法。如图 4-1 所示,目测检查制动管路是否漏油。其缺点为诊断速度慢、准确性差、不能进行定量分析和需要诊断人员具有高技术水平等。现代仪器设备诊断法是在人工经验诊断法的基础上发展起来的一种诊断方法,是指在汽车不解体情况下,利用测试仪器、检测设备和检验工具,检测整车、总成或机构的参数、曲线和波形,为分析、判断汽车技术状况提供定量依据的诊断方法,如图 4-2 所示。

学习任务四　制动跑偏故障的诊断与排除

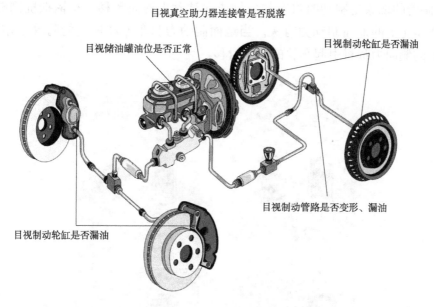

图 4-1　目视检查制动系统

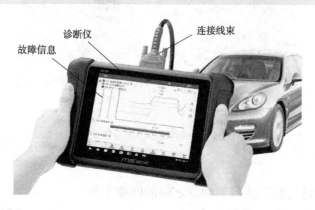

图 4-2　现代仪器设备诊断法

引导问题2　制动系统常见故障及原因有哪些?

行车制动系统常见故障有:制动跑偏、制动不良、制动失效、制动拖滞等。

1 制动跑偏

1 故障现象

汽车制动时,左、右车轮制动力不相等或制动生效时间不一致,导致汽车向制动力较大或制动较早起作用一侧行驶的现象。制动跑偏和制动侧滑是不相同的,如图4-3所示,制动侧滑的现象是制动时汽车的一轴或两轴发生横向滑移。车辆抵抗侧滑的能力与作用在车轮上的地面制动力有关。当地面制动力与车轮和地面的附着力相等时,即使是微小的侧向力都将引起车轮的侧向滑移。

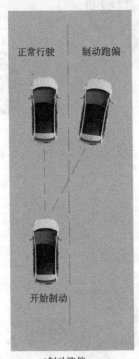
a)制动跑偏

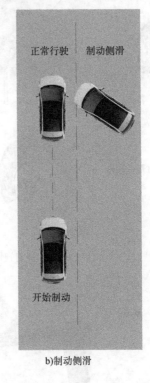
b)制动侧滑

图4-3 制动跑偏和制动侧滑

② 故障原因

(1)左右制动蹄与制动鼓或制动盘之间的间隙不等;

(2)个别摩擦片因磨损严重、变硬、接触不良、有油、烧结失效等原因而工作不良;

(3)制动蹄复位弹簧衰损或装配不良,间隙自动调整装置出现故障或失效;

(4)左右摩擦片型号、厂家不同;

(5)轮缸内有空气、油管堵塞或活塞卡住;

(6)个别制动鼓圆度超限或制动盘产生严重翘曲变形,左、右制动鼓内径相差过多;

(7)左右轮胎气压或磨损不同;

(8)前轮定位失准,悬架弹簧衰损或减振器不良,车架变形,前轴外移,前后轴不平行,两前轴钢板弹簧弹力不一样。

③ 诊断流程

制动跑偏故障排除流程如图4-4所示。

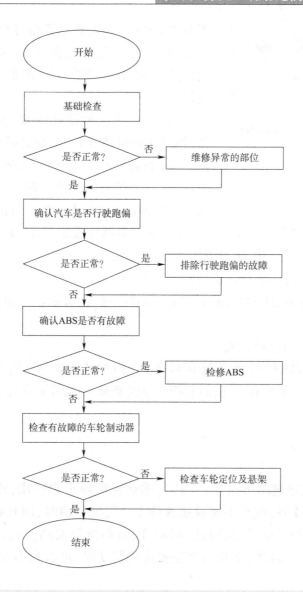

图 4-4 制动跑偏故障排除流程图

2 制动不良

1 故障现象

制动不良通常是指汽车在行驶中,迅速将制动踏板踩到底时,汽车不能立即减速、停车,制动减速度小,制动距离长。当然它还会伴随其他故障现象,如制动反应不灵敏、制动踏板行程过大、制动踏板过软、制动踏板过硬、制动踏板脉动等。

2 故障原因

(1)制动液泄漏,制动液中渗入空气或湿度过高,形成气阻。如图 4-5 所示,在未踩

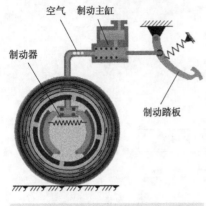

图4-5 制动管路有空气

下制动踏板时,如果制动管路有空气,空气占据一定的空间。在踩下制动踏板时,管路中的空气被压缩,使得产生制动作用的时间推迟,因而影响制动的效果。

(2)制动主缸补偿孔堵塞,加液口盖通气孔堵塞,制动主缸缸体、活塞密封磨损等。

(3)制动摩擦片磨损过量,制动间隙过大或调整失误,摩擦片接触面积小。制动蹄摩擦表面沾有油污、泥水,铆钉外露或表面烧焦硬化。

(4)制动鼓圆度超差、起槽或鼓面磨损过量。

(5)制动轮缸皮碗老化、破损或活塞卡滞,漏油等。

(6)制动真空助力器推杆长度调整不正确。

(7)制动管路堵塞,应检修制动管路。油管凹瘪,接头松动渗油,制动软管老化、破裂或堵塞。

(8)制动踏板自由行程过大。

排除制动不良的故障时,可以结合制动不灵时的其他现象。例如制动踏板过软时,故障原因一般为液压系统有空气,制动蹄弯曲或变形,制动管路有较小的泄漏等。

3 制动失效

1 故障现象

汽车行驶中当迅速踏下制动踏板时,感觉制动器不起作用;连续多次踩下制动踏板时,仍无制动效果,汽车不能减速或停车。驾驶车辆时,刚开始行车时制动是良好的,当经过连续的制动后,制动盘、制动鼓、制动液等发热,当达到一定的温度,可能会产生制动失效。因而,下长坡等需要连续制动时,可以利用发动机制动作用,使车辆减速。

2 故障原因

(1)使用的制动液不符合要求,在制动系统中形成了气阻。

(2)制动液量过少,应检查制动系统,查明制动液过少的原因并排除故障,再加注制动液。

(3)制动管路破损或松脱,应更换破损管路或紧固松脱处。

(4)制动主缸密封件失效,应更换其密封件。

(5)制动器磨损非常严重,制动间隙过大。

(6)机械连接部分脱落,踏下制动踏板时,主缸活塞不移动。

(7)连续制动,使制动盘、制动鼓、制动液等发热。

4 制动拖滞

1 故障现象

在行车制动中,当抬起制动踏板时,全部或个别车轮仍有制动作用,致使车轮起步困难,行驶无力,制动鼓或制动盘发热。

2 故障原因

(1) 制动踏板没有自由行程或复位弹簧过软、折断,踏板轴锈滞、发卡,复位困难;

(2) 主缸活塞变形,复位弹簧过软或折断;

(3) 制动盘或制动鼓严重翘曲变形,制动器间隙过小,制动蹄复位弹簧过软、失效,制动蹄在支承销上不能自由转动,制动摩擦片开裂变形;

(4) 制动轮缸皮碗胀大,活塞变形;

(5) 制动管路凹瘪、堵塞,导致回油不畅;

(6) 驻车制动调整不当,不能完全分离,驻车制动拉索卡滞;

(7) 真空助力器故障,空气阀密封不严,有漏气现象。

(8) 制动钳松动或发卡。

(9) 真空助力器推杆至制动主缸活塞之间无间隙,应将其调整至规定间隙。

5 制动踏板力阻力偏大

1 故障现象

正常制动时,需要较大的力才能踩下制动踏板达到制动效果。

2 故障原因

产生该故障的可能原因及排除方法:

(1) 真空助力器失效。

(2) 真空管破损或松脱。

(3) 发动机或真空泵提供的真空不足。

(4) 制动主缸活塞或制动轮缸活塞发卡。

二、实施作业

引导问题3 作业需要哪些工具、设备和材料?

(1) 制动液、尖嘴钳、细砂布、轮胎螺栓扳手。

(2)磁力护裙、转向盘防尘罩、变速杆手柄套、驻车制动拉杆套、脚垫和座椅套、干净抹布。

(3)举升机,如果条件允许准备制动系统检测线。

(4)卡罗拉1.6L轿车维修手册。

引导问题4 通过查询和查找填写以下信息。

生产年份_____,车牌号码_____,行驶里程_____km,发动机型号及排量_____,车辆识别代号(VIN)_____。

引导问题5 作业前的准备工作有哪些?

(1)向客户了解故障的特征,对于故障出现的时间、现象等要仔细记录。

(2)汽车进入工位前,将工位清理干净,准备好相关的器材。

(3)将汽车停在举升机中央位置,将举升机升起至车轮悬空。

(4)将变速杆置于空挡或P挡。

(5)套上转向盘防止罩、变速杆手柄套和座椅套,铺设脚垫。

(6)粘贴翼子板和前脸磁力护裙。

引导问题6 如何诊断与排除汽车制动跑偏的故障?

1 故障分析

制动跑偏的原因如图4-6所示,制动跑偏主要是因为汽车左右车轮、特别是转向轴左右车轮制动力不相等或作用生效时间不相同造成的。各制动器摩擦副表面状态的变化、路面和轮胎状况的不同以及制动器调整不当等原因,造成制动时转向轴左右车轮的制动力总有一些差异,它们对各自主销形成的力矩不相等,且方向相反。而由于转向系统中存在间隙及杆件弹性的影响,即使转向盘不动,也会引起转向轮向力矩大的方向偏转一个角度,使汽车有轻微的转向跑偏。

制动时,汽车悬架导向杆与转向系统拉杆在运动上不协调,发生杆系间的运动干涉,也会致使转向轮偏转造成跑偏。

图4-6 制动跑偏的原因

为了限制制动跑偏,用制动力检验制动效能时,要求前轴左、右轮制动力之差不大于该轴轴荷的5%,后轴左、右轮制动力之差不大于该轴轴荷的10%。

2 故障诊断与排除

排除汽车制动跑偏的故障可以参照图4-4先进行直观检查。

① 基础检查

通过基础检查可能会比较直观地发现故障原因,基础检查时需要检查以下内容:

(1)查看各车轮轮胎气压是否大致相同,通过轮胎花纹检查轮胎磨损情况是否一致。当轮胎气压不同时,需调整到规定气压。当轮胎磨损不同时,需检查磨损不一致的原因,然后将轮胎更换。

(2)查看制动液液位、制动管路及制动器等,检查制动液是否泄漏。如果车主反映需经常添加制动液,则肯定存在泄漏,需仔细检查。

(3)检查减振器是否漏油或损坏,检查减振弹簧是否损坏。

就车检查弹簧弹力时,先进行外观目测检视,若有明显的塑性变形、裂纹等缺陷时,应予以更换。然后将轿车停放在平地上,按规定部位测量车身高度,若车身某一侧高度低于规定值或左右侧车身高度均低于规定值,说明某一侧弹簧或所有弹簧的弹力下降,应更换失效的弹簧。

减振器缺油时会发出"咯噔、咯噔……"的撞击声。检查减振器泄漏的方法如下:检查减振器是否有油液渗漏迹象;轻微的油液渗漏是可以接受的;也可以在汽车运行后进行触摸检查。汽车运行一段时间后迅速用手触摸减振器筒体,如果感到筒体发热,说明减振器工作正常,不缺油;若感觉减振器筒体温度变化不大,则说明减振器缺油或失效,应更换减振器。

检查减振器性能是否衰减的方法如下:快速压下并弹起最靠近被检减振器处的保险杠角,若车辆的反弹次数超过两次,则说明减振器工作效能差,应更换减振器。以此方式轮流测试每一个减振器。

(4)检查制动摩擦片的厚度。制动摩擦片的检查方法参见学习任务三。

② 确认汽车是否行驶跑偏

确认汽车是否行驶跑偏的方法:汽车在平直安全路面上直线行驶时,双手离开转向盘,观察汽车是否往一边行驶,若有,就是行驶跑偏。若是行驶跑偏,应该检查:四轮定位;轮胎的磨损情况,轮胎品牌是否统一及轮胎气压等;前悬架的零件损耗等。

对于行驶时就有跑偏的车辆,进行以下基本检查:检查轴距;轮胎气压大小一致;拉杆球头及下托臂球头不松旷;检查两边前轮的制动情况,均无卡滞现象;两边车身高度一致;车轮定位等。

❸ 确认有故障的车轮制动器

汽车行驶中制动，若汽车向左倾斜，一般为右轮制动性能差；反之为左轮制动性能差。断开 ABS 熔断丝，让 ABS 暂时不起作用。断开 ABS 主熔断丝后，若汽车跑偏的故障现象消失则检修 ABS。如果故障依旧，观察制动后，轮胎在路面上的拖印情况，拖印短或没有拖印的车轮，则为制动有故障的车轮。

如果条件允许，在制动检测线上检查各车轮制动器的制动力，可以直接发现制动跑偏是不是制动系统的原因，还可以发现有故障的制动器。

❹ 检修有故障的车轮

若查出有故障车轮后，先检查该车轮制动管路是否漏油，进一步检查轮胎气压是否达到技术标准。若正常，再检测制动间隙是否符合技术标准，否则予以调整。若仍无效，应拆解制动器，逐一检查各零件，特别是制动鼓(盘)的尺寸要严格检测，检查方法详见学习任务三。经上述检修后，各车轮拖印基本符合要求，但制动时仍跑偏，则故障不在制动系统。

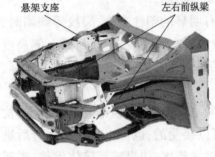

图 4-7 检查车架

❺ 检查车架、前轴及车轮定位情况

若出现忽左忽右的跑偏现象，则应检查前束或纵、横拉杆球头销是否松旷，车架、车轴是否变形及检查车轮定位情况。

车架、车轴一般是因为事故损坏，通过仔细观察车架前纵梁和悬架支座等部位就可发现是否损坏，如图 4-7 所示，对于有变形或其他损坏的车架，对其进行整形或更换。对于有损坏的车轴应进行更换。

三、评价与反馈

(1) 对本学习任务进行评价，见表 4-1。

评 分 表　　　　　　　　　　表 4-1

考核项目	评分标准	分数	学生自评	小组互评	教师评价	小计
团队合作	是否和谐	5				
活动参与	是否积极主动	5				
安全生产	有无安全隐患	10				
现场 5S 管理	是否做到	10				
任务方案	是否正确、合理	15				
操作过程	能对故障进行分析；按流程完成作业	30				

续上表

考核项目	评分标准	分数	学生自评	小组互评	教师评价	小计
任务完成情况	是否圆满完成作业	5				
工具和设备使用	是否规范、标准	10				
劳动纪律	是否能严格遵守	5				
工单填写	是否完整、规范	5				
总分		100				
教师签名：			年　月　日		得分	

（2）顾客反映，汽车在行驶过程中制动跑偏，你应该向顾客提出什么建议？

学习任务五
驻车制动系统的检查和调整

学习目标

完成本学习任务后,你应当能达到以下目标。

◎知识目标

1. 叙述驻车制动系统的组成和作用;
2. 叙述常见汽车驻车制动器的结构原理。

◎能力目标

1. 规范地操纵驻车制动器;
2. 查找维修手册,检查及调整驻车制动系统;
3. 调整驻车制动灯开关。

◎素养目标

1. 养成在驾驶室内文明作业的良好习惯;
2. 养成对汽车安全性能严格检查的责任意识。

 建议完成本学习任务的时间为 **6** 课时。

 学习任务描述

一辆卡罗拉1.6L轿车,车主反映:拉起驻车手动拉杆时特别费力,而且驻车效果不

佳。需要你对该车的驻车制动系统进行检查及调整。

 学习内容

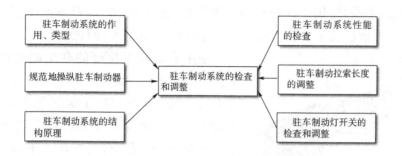

一、资料收集

引导问题1 驻车制动系统的作用是什么？由哪些零部件组成？有哪些类型？

驻车制动系统俗称手刹,拉起驻车制动手柄(图5-1)或按下电动驻车开关(图5-2),驻车制动系统就开始工作了。驻车制动系统由操纵机构、锁止装置、绳索或拉杆传动装置、驻车制动器等组成。其功用是:保证汽车在原地可靠驻车;便于在上坡坡道上起步;在行车制动器失效后应急制动。

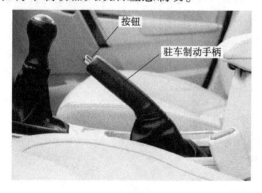

图5-1 驻车制动手柄

图5-2 电动驻车开关

驻车制动器按照驻车制动器的安装位置,可分为中央驻车制动器和车轮驻车制动器,轿车一般采用安装于后轮的车轮驻车制动器,重型货车一般采用中央驻车制动器;按照驻车制动器的结构,可分为鼓式驻车制动器和盘式驻车制动器;按照操纵方式的不同,又可分为手动式驻车制动器、脚动式驻车制动器及电动式驻车制动器。

引导问题2　怎样规范地操纵驻车制动器？

大多驻车制动器使用手动驻车拉杆来操纵,也有一些汽车驻车制动器使用驻车制动脚踏板和驻车解除拉手一起操纵,其工作原理与手动驻车拉杆类似。

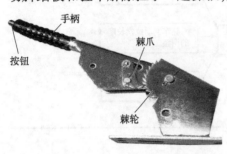

使用手动驻车拉杆的驻车制动操纵方法如下:如图5-3所示,施行驻车制动时,以200N左右的力将手动驻车拉杆向上扳起到规定齿槽数(一般为3~5个齿槽数);欲解除驻车制动时,须先将手动驻车拉杆扳起少许,再压下手动驻车拉杆端头的压杆按钮,然后将手动驻车拉杆向下推到解除制动位置。

图5-3　手动拉杆式驻车制动操作机构

使用脚踏板来操纵的驻车制动系统,其操纵方法是:施行驻车制动时,将驻车制动踏板踩下;需要解除驻车制动时,拉动驻车解除拉手。

引导问题3　驻车制动系统是如何工作的？

1　车轮驻车制动器

当需要驻车时,如图5-4所示,驻车手动拉杆的力经过前拉索、平衡器及左、右拉索后传至驻车制动器。平衡器的作用是将操纵力平均地分配给两根驻车制动拉索。

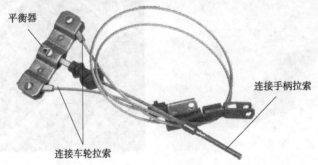

图5-4　驻车制动拉索

① 鼓式驻车制动器的工作原理

鼓式驻车制动器有两种类型,一种是与行车制动器共用制动鼓,另一种是采用"外盘内鼓"复合型制动盘,如图5-5所示,其驻车制动器单独使用制动盘中间的制动鼓部分。

学习任务五　驻车制动系统的检查和调整

鼓式驻车制动器结构如图 5-6 所示,进行驻车制动时,驻车制动杠杆的下端被往前拉,前、后制动摩擦片相继压靠到制动鼓上,实行驻车制动。

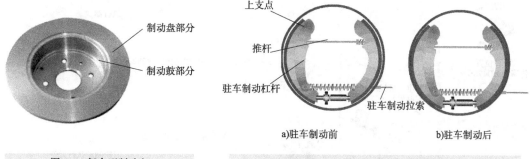

图 5-5　复合型制动盘　　　　　　图 5-6　鼓式驻车制动器示意图

❷ 盘式驻车制动器的结构和原理

盘式驻车制动器主要应用在采用四轮盘式制动器的轿车上,其传动部分与鼓式驻车制动器相同。盘式驻车制动器原理如图 5-7 所示,驻车制动时,操作杆使推杆旋转,让活塞移动,从而使制动块压靠在制动盘上,完成驻车制动。

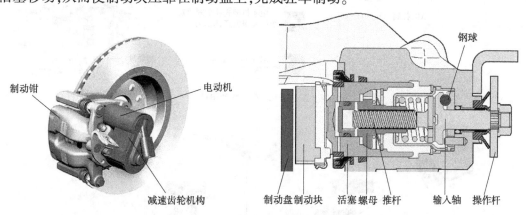

图 5-7　盘式驻车制动器原理图

因为这种制动器可以自行调整由于制动块磨损而留下的间隙,所以不需要进行间隙调整。

❸ 电子驻车系统的结构和原理

电子驻车制动系统(EPB:Electrical Park Brake)最早于 2001 年在菲亚特高档轿车上使用,现已配备到许多高档车上。电子驻车系统的组成如图 5-8 所示,它是由电控单元、驻车制动开关、AUTO HOLD 开关、离合器位置传感器、带操作电动机的制动钳等组成,各零部件在车上的位置如图 5-9 所示。

电子驻车系统除了一般驻车制动系统所具有的驻车制动、紧急制动功能外,还有自适应辅助起步功能,而且系统在紧急制动状态下能提供更大的制动力。自适应辅助起动功能的作用是电控单元根据挡位、加速踏板位置、发动机转速、坡度传感器等信号,来帮助驾驶人实现顺利起步,在车辆驻车制动解除时,防止车辆向后溜车。

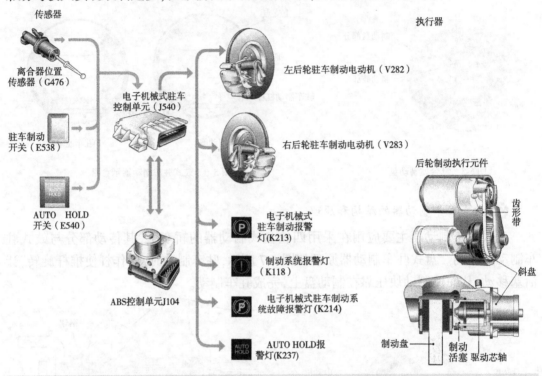

图 5-8 电子驻车系统的组成

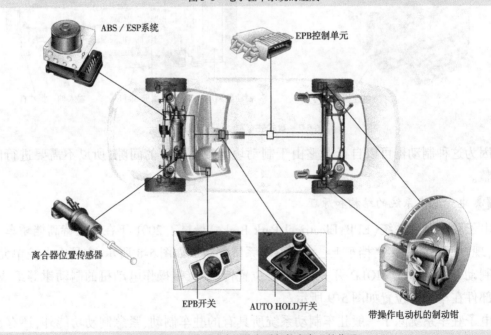

图 5-9 电子驻车系统各零部件在车上的位置

电子驻车的功能是由 EPB 电控单元通过安装在后制动盘上的制动电动机系统来实现的。当需要驻车制动时,EPB 按钮被按下,按钮操作信号输送给电控单元,电控单元控制电动机和行星减速齿轮机构工作,对左右后制动钳实施制动,电子驻车制动器工作原理如图 5-10 所示。

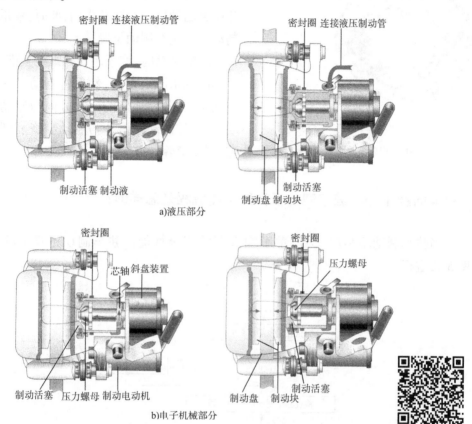

图 5-10 电子驻车制动器工作原理

拉起制动开关电子驻车系统就能够实现车辆紧急制动,如果车速高于一定范围,制动过程将由 ESP(电子稳定程序)完成,在紧急制动期间,如果踩下加速踏板,电子驻车系统停止工作。

电子驻车系统取消了驻车制动拉杆,为车厢内留出更多的空间;驻车制动通过一个触手可及的电子按钮进行控制,驾驶人不必费力拉手动驻车拉杆,简单省力;系统可以在发动机熄火后自动施加驻车制动;车辆起步不会发生溜滑现象等。总之,电子驻车系统提高了驾驶与操纵的舒适性与方便性,并且提高了车辆的安全性。

2 中央驻车制动器

中央驻车制动器也有鼓式和盘式之分,下面以中央驻车鼓式制动器为例介绍其工作原理。

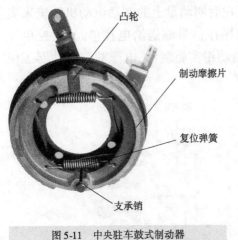

图 5-11 中央驻车鼓式制动器

如图 5-11 所示,制动时,将制动操纵杆上端向后拉,作用力通过拉索软轴带动摇臂绕支承销顺时针摆动,拉杆带动摇臂向下运动,摆臂带动凸轮轴转动,从而凸轮偏转将两个制动摩擦片张开,并压紧制动鼓产生制动作用,此时,棘爪和齿扇将制动杆锁止在制动位置。

解除制动时,按下制动操纵杆上端的按钮,使下端的棘爪脱离齿扇,然后将制动操纵杆推向最前端位置,各零部件的运动方向与制动时方向相反,从而使制动摩擦片与制动鼓恢复到原来的间隙,制动解除。

引导问题 4 驻车制动不良的检测流程是怎样的?

当驻车制动不良时,会严重影响汽车的安全性能。驻车制动不良的检测可参考图 5-12 进行。

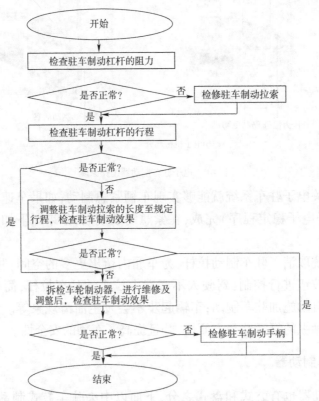

图 5-12 驻车制动不良检测流程图

二、实施作业

引导问题5 作业需要哪些工具、设备和材料?

(1)梅花螺丝刀、一字螺丝刀、梅花扳手(12mm)。
(2)磁力护裙、转向盘防尘罩、变速杆手柄套、驻车制动拉杆套、脚垫和座椅套、干净抹布。
(3)举升机。
(4)卡罗拉1.6L轿车维修手册。

引导问题6 通过查询和查找填写以下信息。

生产年份_____,车牌号码_____,行驶里程_____km,发动机型号及排量_____,车辆识别代号(VIN)_____。

引导问题7 作业前的准备工作有哪些?

(1)汽车进入工位前,将工位清理干净,准备好相关的器材。
(2)将汽车停在举升机中央位置,将举升机升起至车轮悬空。
(3)将变速杆置于空挡或P挡。
(4)套上转向盘防尘罩、变速杆手柄套和座椅套,铺设脚垫。
(5)粘贴翼子板和前脸磁力护裙。

引导问题8 怎样检查和调整驻车制动系统?

1 检查驻车制动杠杆工作行程及工作状况

(1)用力拉住驻车制动杠杆。
(2)松开驻车制动器锁,并将驻车制动杠杆放回到关闭位置。
(3)缓慢将驻车制动杠杆向上拉到底,并计算咔嗒声的次数。驻车制动杠杆行程:200N时为6~9个槽口。

如果拉杆锁定齿数不在规定齿数范围之内,则调整驻车制动。当上拉驻车制动杆6~9个齿槽距离时,后轮应锁住,车轮在双手尽力转动情况下应保持不动。释放驻车制动杆,后轮应能够自由转动,如听到轻微的接触声,则视为正常。

拉起和放下驻车制动拉杆数次,正常情况下拉起时无卡滞,放下时拉杆复位顺畅及时。但是此次检查确实符合顾客所述,即非常费力。从两后轮制动钳操作杆上脱开驻车制动拉索,重新检查手动拉杆拉起时状况,发现同样费力。进一步检查,发现2号驻车制动拉索和3号驻车制动拉索已损坏。

2 驻车制动拉索的更换

(1)从蓄电池负极端子断开电缆。

注意:从蓄电池负极端子断开电缆后,等待至少90s,以防止气囊和安全带预紧器触发。

(2)拆卸前排左侧座椅头枕总成,拆卸左侧座椅外滑轨盖,拆卸左侧座椅内滑轨盖等附件。

(3)翻起地毯,拆下4个螺栓和地板控制台2号安装支架,如图5-13和图5-14所示。

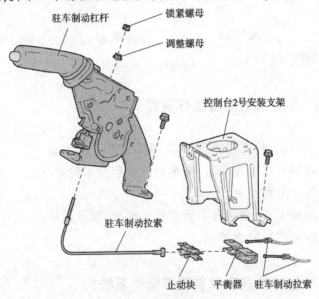

图5-13　2号安装支架位置

图5-14　拆卸2号安装支架

(4)拆卸驻车制动杠杆总成,如图 5-15 所示,将 3 号驻车制动拉索总成从驻车制动平衡器分离。以相同程序分离 2 号驻车制动拉索总成。

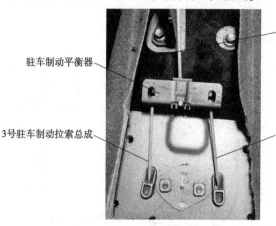

图 5-15　分离 3 号驻车制动器拉索

(5)分离 2 个卡爪,将 1 号驻车制动拉索总成从驻车制动拉索末端止动块上拆下。

(6)分离 2 个卡爪,将驻车制动拉索末端止动块从驻车制动平衡器上拆下。

(7)拆卸 2 号氧传感器,拆卸前排气管总成,拆卸氧传感器;拆卸前排气管总成;拆卸前地板两个上隔热垫。

(8)分离驻车制动拉索支架卡夹分总成,如图 5-16 所示。

图 5-16　分离拉索支架卡夹分总成

①拆下 5 个螺栓,如图 5-17 所示。

②将 3 号驻车制动拉索总成拉出至车身外侧。

③将 3 号驻车制动拉索总成从后盘式制动器制动缸总成上分离。拆下 3 号驻车制动拉索总成。

如图 5-18 所示,在 3 号驻车制动拉索总成的底部插入一个弯颈扳手(14mm),以分离卡子。将 3 号驻车制动拉索总成从后盘式制动器制动缸总成上拉出。拆卸 3 号驻车制动拉索总成。

④脱开 2 个卡爪,以将驻车制动拉索支架卡夹分总成从 3 号驻车制动拉索总成上拆下。

按拆卸的相反顺序进行安装,要求安装拉索后参考下文步骤调整驻车制动拉杆至规定要求。

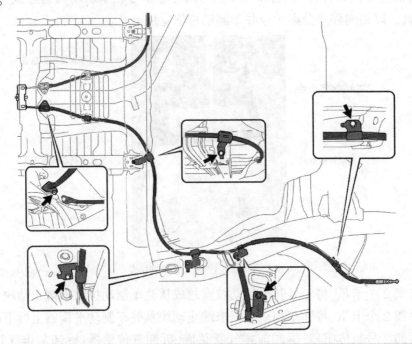

图 5-17 拆下 5 个螺栓

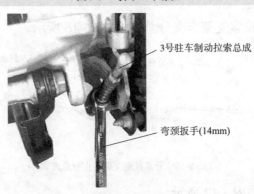

图 5-18 使用弯颈扳手分离卡子

3 调整驻车制动杠杆行程

在执行驻车制动器调整之前,确保制动管路已排气且不再含有空气。

(1)拆下后地板控制台总成。

(2)完全松开驻车制动杠杆。

(3)如图 5-19 所示,松开锁紧螺母和调整螺母,以完全松开驻车制动拉索。

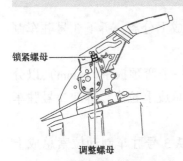

图 5-19 驻车制动拉索调整螺母及锁紧螺母

(4)发动机停机时,完全踩下制动踏板3~5次。

(5)转动调整螺母,直到驻车制动杠杆行程修正至规定范围内。

(6)以6.0N·m的力矩紧固锁紧螺母。

(7)操作驻车制动杠杆3~4次,并检查驻车制动杠杆行程。

(8)检查驻车制动器是否卡滞。

(9)安装后地板控制台总成。

4 检查后盘式制动器制动缸操作杆和制动器间隙

如图5-20所示,松开驻车制动杠杆,检查并确认后盘式制动器制动轮缸操作杆和挡块之间的间隙测量值在规定范围内。此间隙应为0.5mm或更小,如果间隙不在规定范围内,应更换后盘式制动器制动钳总成。

5 检查驻车制动警告灯

驻车制动警告灯(图5-21)除了驻车制动显示、制动液液面过低等常规制动系统提示作用之外,在某些车型或带有EBD的车辆上,该灯也用作ABS(或EBD)警告灯,用于提醒驾驶人ABS和EBD中有故障。

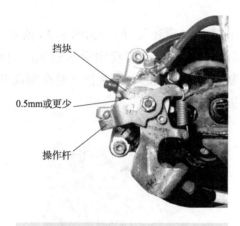

图5-20 制动轮缸操作杆和挡块之间的间隙

图5-21 驻车制动警告灯

驻车制动警告灯位于仪表板内。释放驻车制动杆时,当点火开关处于"启动"位置时,该信号灯点亮,当点火开关回到"点火"位置时,该灯熄灭;当上拉驻车制动杆一个齿槽距离时该灯点亮。否则需要通过调整或检查驻车制动灯开关。

驻车制动灯开关如图5-22所示,制动警告灯电路原理如图5-23所示,检查时,从驻车制动开关上断开插接器,将驻车制动拉杆拉起,检查其端子应与地导通,释放驻车制动拉杆时,检查其端子应与地不导通。否则应该调整或更换驻车制动开关。

注意:当配有EBD的ABS出现故障时,也会导致驻车制动警告灯亮。

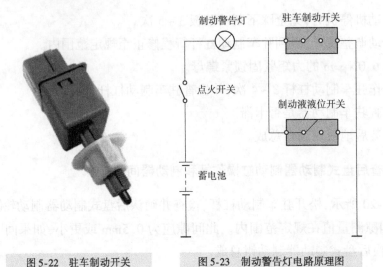

图 5-22 驻车制动开关　　图 5-23 制动警告灯电路原理图

6 检查电子驻车系统

2016款别克威朗使用了电子驻车制动系统,该电子驻车制动系统主要由驻车制动开关、驻车制动警示灯、ABS ECU(制动防抱死电控单元)、左右侧后轮驻车制动电机等组成。

驻车制动开关位置如图5-24所示,按下驻车制动开关,位于如图5-25所示位置的驻车制动电机开始工作,左右两侧驻车制动电机分别推动制动钳活塞施加压力至制动盘,直到后轮锁止,此时位于仪表板的驻车制动警告灯亮起。再次按下驻车制动开关,电子驻车制动器将结束工作且制动警告灯熄灭。

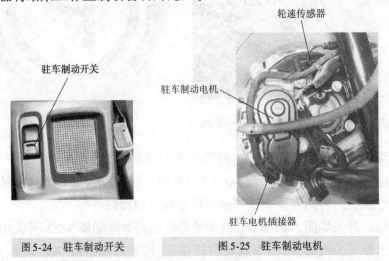

图 5-24 驻车制动开关　　图 5-25 驻车制动电机

驻车制动开关电路如图5-26所示,拉起驻车制动开关时,它发送信号至ABS ECU,从而使左右驻车制动器执行器激活,使驻车制动器接合或分离。检测驻车制动开关及

电路方法如下:

(1)检测驻车制动开关与 ABS ECU 之间的线路应无断路,点火开关处于 OFF 位置,分别断开驻车制动开关、ABS ECU 的插接器,检测各控制电路端对端电阻应小于 2Ω。

(2)检测驻车制动开关与 ABS ECU 之间的线路应无相互短路及对地短路,检测每个控制电路和搭铁之间的电阻应为无穷大。

(3)当驻车制动开关发出指令时,确认图 5-27 所示的驻车制动电机端子 1 和 2 之间的电压为 11.5~12.5V。

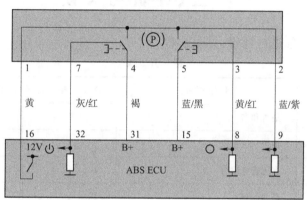

图 5-26 驻车制动开关电路

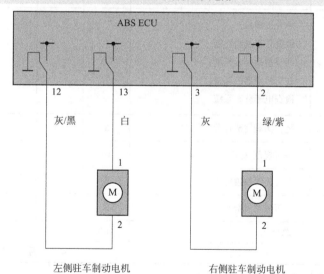

图 5-27 驻车制动电机电路

(4)拆下驻车制动开关,检测驻车制动开关的性能。

电子驻车制动系统驻车制动电机电路如图 5-27 所示,在驻车制动电机工作过程中,ABS ECU 会检测其增加的电流消耗来对其进行监测,从而确定电机的最终停止位置。

检测驻车制动开关及电路方法如下：

(1) 点火开关置于"OFF"位置，断开左侧驻车制动电机的线束连接器。

(2) 在其中一个控制端子和12V电压之间安装一条带25A熔断丝的跨接线。

(3) 在另一控制端子和搭铁之间暂时安装一条跨接线。

(4) 反转跨接线至少两次，左侧驻车制动电机应执行接合和分离功能。

(5) 按同样的方法检测右侧驻车制动电机。

三、评价与反馈

(1) 对本学习任务进行评价，见表5-1。

评 分 表　　　　　　　　　　　表5-1

考核项目	评分标准	分数	学生自评	小组互评	教师评价	小计
团队合作	是否和谐	5				
活动参与	是否积极主动	5				
安全生产	有无安全隐患	10				
现场5S	是否做到	10				
任务方案	是否正确、合理	15				
操作过程	举升机操作； 检查驻车制动性能； 调整制动拉索长度； 驻车制动器的调整； 检查电子驻车系统	30				
任务完成情况	是否圆满完成作业	5				
工具和设备使用	是否规范、标准	10				
劳动纪律	是否能严格遵守	5				
工单填写	是否完整、规范	5				
	总分	100				
教师签名：			年　　月　　日		得分	

(2) 分析驻车制动失效的原因。

学习任务六
ABS 警告灯点亮的检修

学习目标

完成本学习任务后,你应当能达到以下目标。

◎ 知识目标

1. 简述 ABS 的作用、类型及组成;
2. 叙述理想的制动过程。

◎ 能力目标

1. 向顾客简要说明 ABS 的工作过程;
2. 查维修手册,排除 ABS 警告灯点亮的故障;
3. 读懂 ABS 电路。

◎ 素养目标

1. 培养良好的服务意识;
2. 培养严谨的工作态度。

 建议完成本学习任务的时间为 10 课时。

 学习任务描述

一辆卡罗拉 1.6L 轿车,车主反映:在汽车行驶中发现 ABS 警告灯点亮,询问该如何

处理。需要你通过本任务的学习回答该车主的问题,并将该故障进行排除。

学习内容

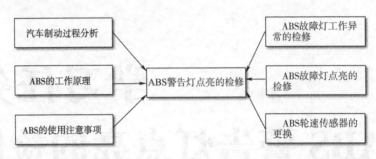

一、资料收集

引导问题1 汽车制动过程中车轮有哪些状态?车轮抱死后有何危害?理想的制动过程是什么样的?

1 制动过程中车轮的三种运动状态

图6-1 车轮滑动

(1)纯滚动状态。纯滚动状态时车速等于轮速,这是制动时的第一阶段,这时路面印痕与胎面花纹基本一致。

(2)边滚边滑状态。汽车制动时的第二阶段是边滚边滑状态,此时,车速大于轮速。汽车处于边滚边滑状态时,可以辨认出胎面花纹,但胎面花纹逐渐模糊。

(3)抱死拖滑状态。抱死拖滑状态时轮速等于零,这属于传统制动系统制动时的第三阶段,这时路面留下粗黑的印痕,如图6-1所示。

2 制动时车轮抱死的危害

传统的制动系统只提供足够大的制动器制动力。行车时,若猛地踩下制动踏板,制动力大于路面的附着力时车轮抱死产生拖滑。

(1)若前轮抱死拖滑而后轮还在滚动,则汽车将丧失转向能力。若汽车转向时制动,如果出现车轮抱死,车辆将失去转向能力,对汽车的安全行车造成极大的危害,如图6-2所示。

（2）若后轮抱死拖滑而前轮还在滚动，则汽车将会出现严重的甩尾、侧滑，高速制动时甚至出现急转掉头现象，如图6-3所示。如果前后同时抱死，会造成整个行车方向失控。

图6-2　前轮抱死时汽车的运动情况　　　图6-3　后轮抱死时汽车的运动情况

（3）一旦车轮抱死拖滑，汽车制动力就会减少，将导致制动距离增加。

（4）轮胎与路面产生剧烈的相对运动使轮胎温度升高，磨损加剧，车辆容易因轮胎出现损坏而失控导致事故发生。

3 理想的制动过程

如图6-4所示，汽车以一定速度 v 行驶时形成惯性力矩 M_j，汽车制动时需要克服 M_j。制动时，制动蹄与制动鼓（盘）压紧时形成摩擦力矩 M_μ，M_μ 通过车轮产生作用于地面的切向力 F_μ。制动时地面对车轮产生切向反作用力 F_X。若需增大地面制动力 F_X，必须增大 F_ϕ。F_ϕ 取决于附着系数 ϕ，ϕ 又受滑移率 s 的影响。附着力是地面对轮胎切向反作用力的极限值 F_ϕ，如图6-5所示，附着力取决于轮胎与路面之间的摩擦作用及路面的抗剪强度。

一般当汽车其他条件一定时，附着系数越大，附着力就越大，地面产生的最大制动力就越大；侧向附着系数大，则汽车抵抗侧滑的能力就越强。而附着系数的大小在路面等其他条件一定的情况下，取决于车轮的滑移率。

车轮滑移率 s 的定义如下：

$$s = \frac{v - r\omega}{v} \times 100\%$$

式中：v——车轮中心的速度；

　　　ω——车轮的角速度；

　　　r——车轮的滚动半径。

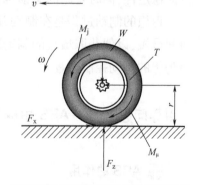

图6-4　制动时车轮受力分析图

v-车速；ω-车轮旋转角速度；M_j-惯性力矩；M_μ-制动阻力矩；W-车轮法向载荷；F_Z-地面法向反力；T-车轴对车轮的推力；F_X-地面制动力；r-车轮半径；$r\omega$-车轮切向速度，简称轮速当车轮纯滚动时，$v=r\omega$，滑移率 $s=0$；当车轮抱死滑动时，$\omega=0$，有 $s=100\%$；当车轮边滚边滑时，$0<s<100\%$。如图 6-6 所示，当 $s=20\%$ 左右时，纵向附着系数 ϕ_x 达到最大值 ϕ_p，而侧向附着系数 ϕ_y 也处于较大值；当滑移率继续增大时，纵向、侧向附着系数均减少；当 $s=100\%$ 时，即车轮抱死拖滑时，纵向附着系数下降较多，而侧向附着系数为 0，说明此时汽车抵抗侧滑的能力完全丧失。

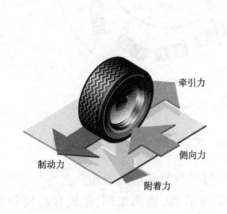

图 6-5　附着力

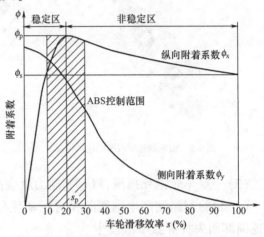

图 6-6　良好路面附着系数与滑移率的关系

从上述分析可知，传统的制动系统是不理想的，理想的制动系统应是制动时始终能使车轮的滑移率处于 20% 左右，车轮不能抱死，以便获得较大的纵向、侧向附着系数，从而使得汽车能以最大的地面制动力制动，在最短的制动距离内停车，并具有良好的制动方向稳定性，同时轮胎的磨损也较少。

理想的制动过程是在制动开始时，让制动压力迅速增大，使滑移率上升至 20% 所需时间最短，以便获取最短的制动距离和方向稳定性；制动过程中使滑移率稳定在 20% 是最理想的制动控制过程。

引导问题 2　ABS 由哪些部分组成？ABS 是如何工作的？

1　ABS 的作用

随着汽车的迅速普及，汽车交通事故已成为我们身边巨大的社会问题。为使汽车制动时，保证车轮不抱死而获得最佳的制动效果，靠传统的制动系统是无法做到的，靠驾驶人高超的操作制动踏板的水平也是不现实的。汽车的安全性、舒适性日益成为人们选购汽车的重要依据。目前已广泛采用的制动防抱系统即 ABS（Anti-lock Braking System），使人们对安全性的要求得以充分的满足。

防抱死制动系统(ABS)有以下功能:

(1)预先防止轮胎抱死,维持最佳的制动力,缩短制动距离。

(2)防止前轮抱死,增加转向稳定性。保证在转向操作时具有良好的道路行驶性能,使车辆通过转向操作绕开障碍物,防止因后轮抱死导致汽车甩尾。

(3)减少汽车制动时轮胎的磨损,同时也避免轮胎在紧急制动时严重磨损而引起的爆胎,提高汽车安全性能。

(4)使用方便,工作可靠,可减少驾驶人的疲劳强度。

2 使用 ABS 的注意事项

尽管 ABS 在紧急制动时可以提高车辆稳定性,但无法防止由于驾驶不当或危险驾驶而导致的意外,所以仍需保持足够的制动距离和谨慎安全驾驶。

使用 ABS 时要注意以下事项:

(1)应保持与前车之间的安全距离。

(2)使用 ABS 的汽车和传统制动系统的制动操作方法是一样的。但在紧急制动时,不要重复地踩制动踏板,只要把脚持续地踩在制动踏板上,ABS 就会自动进入制动状态,不需人工干预。多踩几下制动踏板,反而会使 ABS ECU 得不到正确信号,导致制动效果不良。

(3)不要快速操作转向盘,例如急速变换车道或快速、突然转弯,否则可能导致车辆在公路上失控,会增大翻车的危险。

(4)须扣紧安全带。车辆发生严重撞击时,未佩戴安全带的乘客比佩戴安全带的乘客死亡率高;不要超过规定的车速。

(5)轮胎处于陷在泥浆或雪地等情况打滑时,过度踩下加速踏板可能会导致变速器严重损坏。此时,应该采用其他方式,如拖车等。

(6)不要用加快车速或转弯的方式来测试 ABS 的安全性能,这会危及人的安全。

(7)ABS 工作时,制动踏板可能轻微振动,发动机舱内可能会传出噪声,这是正常现象,表明防抱死制动系统正常运作。

(8)在崎岖、有砂石或覆盖积雪等恶劣的路面行驶时要减速。因为在以上路面环境下,以及车辆在安装防滑链时,装配 ABS 的车辆可能比未装 ABS 的制动距离长。

(9)一旦 ABS 出现故障,ABS 警告灯会持续点亮,此时 ABS 不起作用,但常规制动系统仍有效,驾驶人只需按常规方法制动即可。

(10)ABS 警告灯在汽车打开点火开关后约 1.7s 即熄灭,之后如果 ABS 警告灯继续点亮、在行车过程中点亮或在打开点火开关后一直不亮,说明 ABS 有故障,需检修。

(11)ABS 为驾驶人提供了在制动过程中方向的可操纵性,所以在制动过程中(ABS 正常工作)别忘了转动转向盘绕开障碍物。

(12)ABS 工作时,会感觉到制动踏板的抖动,同时也会听到液压控制器工作的声音,这是正常现象。此时千万不要害怕,不要松开制动踏板,这样才能保证足够和连续的制动力,使ABS有效地发挥作用。

3 ABS的类型

1 按控制参数分类

ABS按控制参数分类可以分为以车轮滑移率为控制参数的ABS和以车轮角加速度为控制参数的ABS。

(1)以车轮滑移率为控制参数。根据车速和轮速传感器的信号计算车轮的滑移率作为控制制动力的依据。ABS的ECU将实际车辆的滑移率和存储器内的设定值进行比较,输出增大或减小制动力的信号,通过制动压力调节器来调节制动轮缸中的压力值,控制滑移率在设定的范围内。

(2)以车轮角加速度为控制参数。ECU根据轮速传感器信号计算车轮的角加速度作为控制制动力的依据。ECU中设置合理的角加速度、角减速度门限值。制动时,当车轮角减速度达到门限值时,ECU输出减小制动力信号;当车轮转速升高至角加速度门限值时,ECU输出增加制动力信号。

2 按控制形式分类

(1)独立控制:电控单元根据各个轮速传感器提供的信号,单独对各个车轮进行控制。

(2)按高选原则一同控制:对两个车轮实施一同控制时,如果以保证附着力较大的车轮不发生制动抱死为原则进行制动压力调节,称这两个车轮是按高选原则一同控制。

(3)按低选原则一同控制:对两个车轮实施一同控制时,如果以保证附着力较小的车轮不发生制动抱死为原则进行制动压力调节,称这两个车轮是按低选原则一同控制。

3 按控制通道号分类

控制通道就是能够独立进行制动压力调节的制动管路。按照控制通道数目的不同,ABS分为四通道、三通道、双通道、单通道,而其布置形式却多种多样。

(1)四通道ABS。四通道ABS为了对四个车轮的制动压力进行独立控制,在每个车轮上各安装一个轮速传感器,并在通往各制动轮缸的制动管路中各设置一个制动压力调节分装置(通道)。四通道ABS可以布置在H型(前后)或X型(对角)双制动管路制动系统中。

由于四通道ABS可以最大限度地利用每个车轮的附着力进行制动,因此汽车的制动效能最好。但汽车两侧车轮在附着系数不相等的路面上制动时,由于同一轴上的制动力不相等,使得汽车产生较大的偏转力矩而导致制动跑偏。因此,四通道ABS很少被采用。

(2)三通道ABS。四轮ABS大多为三通道系统,而三通道系统都是对两前轮的制动压力进行单独控制,对两后轮的制动压力按低选原则一同控制。由于三通道 ABS 对两后轮进行一同控制,对于后轮驱动的汽车可以在变速器或主减速器中只设置一个轮速传感器来检测两后轮的平均转速。

三通道 ABS 制动距离短,而且制动时方向稳定,故被广泛采用。

(3)双通道 ABS。双通道 ABS 在按前后布置的双管路制动系统的前后制动管路中各设置一个制动压力调节分装置,分别对两前轮和两后轮进行一同控制。两前轮可以根据附着条件进行高选和低选转换,两后轮则按低选原则一同控制。

前驱汽车采用双通道 ABS,会导致后轮制动力小。后驱汽车采用双通道 ABS,后轮易抱死。由于双通道 ABS 难以在方向稳定性、转向操纵能力和制动距离等方面得到兼顾,因此目前很少被采用。

(4)单通道 ABS。单通道 ABS 只能应用在前后布置的双管路制动系统中,它是在后制动管路中设置一个制动压力调节装置,对于后轮驱动的汽车只需在传动系统中安装一个轮速传感器。对两后轮按低选原则一同控制。

单通道 ABS 由于前制动轮缸的制动压力未被控制,前轮仍然可能发生制动抱死,所以汽车制动时的转向操作能力得不到保障。但由于单通道 ABS 能够显著地提高汽车制动时的方向稳定性,又具有结构简单、成本低的优点,因此在轻型货车上得到广泛应用。

4 ABS 的工作过程

如图 6-7 所示,ABS 是在常规制动基础上,又增设 ABS 传感器、电控单元(ECU)、执行机构,这些元件在车上的位置如图 6-8 所示。ABS 传感器包括轮速传感器、车速传感器、制动开关等;ECU 的功用是制动时接收传感器的信号,当车轮将要被抱死时,ECU 发出控制信号,通过执行机构控制制动器的制动力使车轮不被抱死。执行机构包括制动压力调节器和 ABS 警告灯。ABS 警告灯在 ECU 发现 ABS 有故障时点亮来提醒驾驶人 ABS 不工作。制动压力调节器接收 ECU 的信号来增加、减小或保持制动液压力。

5 ABS 的组成

① 传感器

(1)轮速传感器。轮速传感器是车轮速度传感器的简称,它对车轮转速进行非接触式检测,向 ECU 输入轮速信号,ECU 通过轮速传感器可以识别车轮转速、车轮旋转方向及是否停转等,从而进行准确的控制。

轮速传感器一般安装在车轮处,但有些驱动车轮的轮速传感器设置在主减速器或变速器中。轮速传感器在前、后轮的安装位置如图 6-9 所示。

轮速传感器根据工作原理的不同,可以分为被动式(电磁式)和主动式(霍尔式)轮速传感器。

汽车制动系统维修（第 2 版）

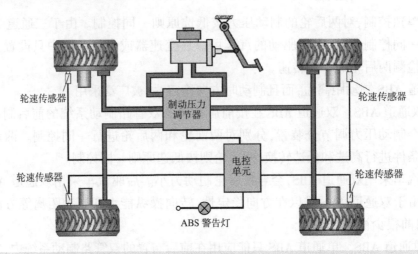

图 6-7　制动防抱死系统（ABS）组成

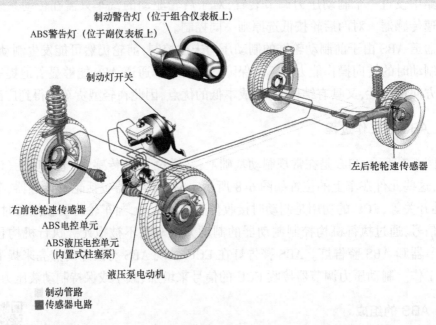

图 6-8　ABS 元件安装位置

①电磁式轮速传感器。电磁式轮速传感器是通过线圈的磁通变化，感应出脉冲电压信号的装置，它的结构如图 6-10 所示，主要由传感器头和齿圈两部分组成，传感器头又由电磁体、极轴和感应线圈等组成，极轴头部结构有凿式和柱式两种。电磁式轮速传感器工作原理如图 6-11 所示，传感器头被线圈包围直接安装在齿圈上方，传感器头与齿圈间的间隙约 1mm。极轴同电磁体相连接磁体的磁通延伸到齿圈并与它构成磁路。齿圈一般安装在轮毂或轴座上，对于后轮驱动车辆齿圈也可安装在差速器或传动轴上。齿圈随车轮或传动轴一起转动。电磁铁产生一定强度的磁场，齿圈在磁场中旋转时，齿圈齿顶和电极之间的间隙就以一定的速度变化，这样就会使齿圈和电极组成的磁路中

的磁阻发生变化。通过感应线圈的磁通量呈周期性增减,在线圈两端产生正比于磁通量增减速度的感应电压。轮速传感器的输出信号为正弦波形,其频率变化与轮速相对应。ABS 电控单元即通过检测感应电动势的频率变化来检测车轮速度。

a)前轮轮速传感器　　　　b)后轮轮速传感器

图 6-9　轮速传感器的位置

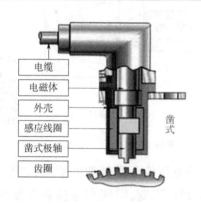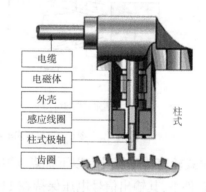

图 6-10　电磁式轮速传感器结构图

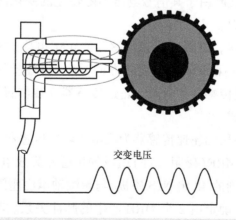

图 6-11　电磁式轮速传感器工作原理图

电磁式轮速传感器的缺点：输出信号的幅值随轮速的变化而变化，若车速过慢，其输出信号低于1V，电控单元就无法检测；响应频率不高，当转速过高时，轮速传感器的频率响应跟不上；抗电磁波干扰能力差。

②霍尔式轮速传感器。霍尔式轮速传感器包括霍尔轮速传感器和磁阻轮速传感器。霍尔式轮速传感器克服了电磁式轮速传感器的缺点，其能保证在很低的速度下都有很强的信号。霍尔式轮速传感器是利用霍尔效应的原理制成的，由传感器头和齿圈组成。传感器头由永久磁体、霍尔元件和电子电路等组成，永久磁体的磁力线穿过霍尔元件通向齿轮。

当齿圈位于如图6-12a)所示位置时，穿过霍尔元件的磁力线分散，磁场相对较弱；而当齿圈位于如图6-12b)所示位置时，穿过霍尔元件的磁力线集中，磁场相对较强。齿圈转动时，使得穿过霍尔元件的磁力线密度发生变化，因而引起霍尔电压的变化。此电压信号再由电子电路转换成标准的脉冲电压信号输入电控单元。

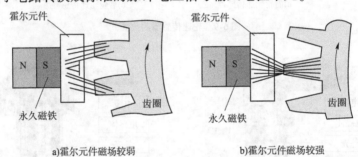

a)霍尔元件磁场较弱　　　b)霍尔元件磁场较强

图6-12　霍尔式车轮轮速传感器的工作原理

霍尔式轮速传感器具有以下优点：输出信号电压值不受转速的影响，汽车电源电压为12V条件下，其输出信号电压保持在11.5~12V不变，即使车速接近于零也不变；频率响应高，其响应频率高达20kHz，用于ABS时相当于车速为1000km/h所检测的信号频率；抗电磁波干扰能力强，由于其信号电压不随转速的变化而变，且幅值高，故有很强的抗电磁波干扰的能力。

③磁阻式轮速传感器。磁阻式轮速传感器改正了电磁式轮速传感器的缺点，可以工作在任何车速，还可以探测车轮的旋转方向，而且磁性转子的体积小、质量轻。如图6-13所示，磁阻式轮速传感器和电磁式轮速传感器安装位置相同，其结构是由带有磁性的转子和传感器头组成。

卡罗拉1.6L轿车使用的轮速传感器为磁阻式轮速传感器。如图6-14所示，该轮速传感器包含一个由2个MRE（磁阻元件）组成的传感器集成电路（传感器IC）。轮速传感器转子包含呈圆形排列的48组N、S磁极，与轮毂轴承内座圈安装在一起。为了检测旋转方向，输出波形用于确定由2个MRE产生的脉冲关系。收到该信号后，传感器IC向ECU输出向前的波形。

a)磁性转子

b)传感器安装位置

c)传感器头

图6-13　磁阻式轮速传感器实物图

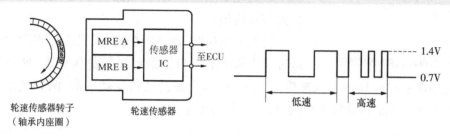

图6-14　磁阻式轮速传感器原理图

（2）加速度传感器。汽车加速度传感器又称G传感器、减速度传感器。它能检测制动时汽车的减速度，以确定车辆是在高附着系数道路（沥青道路等）还是在低附着系数道路（积雪道路等）上行驶。采用加速度传感器可以对由车轮转速计算出来的车速进行补偿，使制动时滑移率的计算更加精确。

加速度传感器有簧片开关式、光电式、水银式、差动变压器式和半导体式等。安装位置因车而异，有的安装在行李舱内，有的安装在发动机舱内，也可以安装在驾驶室座椅下方。

①簧片开关式加速度传感器。簧片开关式加速度传感器工作原理如图6-15所示，在正常状态时，簧片开关在磁铁的作用下闭合；汽车在低附着系数路面上制动时，减速度很小，重块不移动，簧片开关依然保持闭合；汽车在高附着系数路面上制动时，减速度很大，重块移动，重块中的磁铁离开簧片开关，磁场消失，簧片开关被打开。

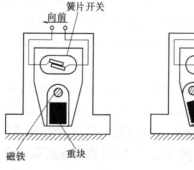

a)正常路面和低附着系数路面制动时　　b)高附着系数路面制动时

图6-15　簧片开关式加速度传感器

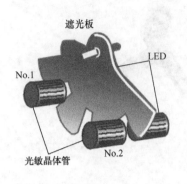

图 6-16 光电式加速度传感器结构

②光电式加速度传感器。光电式加速度传感器如图 6-16 所示,由两只发光二极管 LED、两只光敏晶体管、一块遮光板和信号处理电路等组成。光电式加速度传感器遮光板的作用是透光或遮光。

汽车匀速行驶时,遮光板静止不动,如图 6-17a)所示,发光二极管发出的光线被遮光板上的齿扇挡住而不能照射到光敏晶体管上,光敏晶体管处于截止状态,传感器无信号输出。

当汽车减速时,遮光板摆动,发光二极管发出的光线通过遮光板上的开口照射到光敏晶体管上,使光敏晶体管导通,如图 6-17b)所示。减速度大小不同,遮光板摆动角度就不同,两只光敏晶体管"导通"与"截止"状态也就不相同,输出的信号也不同。

a)遮光时　　　　　　　　　　b)遮光时

图 6-17 光电式加速度传感器工作原理

③水银式加速度传感器。水银式加速度传递器由玻璃管和水银组成,当汽车制动时,足够大的减速度产生力将水银上抛,接通电路,将加速度信号传给 ECU。

(3)车速传感器。车速传感器向 ECU 传递车速信号,通常安装在变速器的输出轴或仪表内,有电磁式、霍尔式、舌簧式等类型。

(4)制动灯开关。将制动信号传给 ECU,减小制动踏板的抖动。

2 电控单元

电控单元即 ECU,一般是由微处理器和其他必要的电路组成,一般内装油泵电动机、电磁阀继电器,它是 ABS 的控制中心,ECU 的功能如下。

(1)接受传感器输入的信号。传感器输入的信号包括四个轮速传感器传来的车轮转速信号、车速信号等。

(2)对输入的信号进行运算及处理。对输入的信号进行运算及处理,得出制动时车轮的滑移率、车轮的加速度和减速度,以判断车轮是否有抱死趋势。

(3)发出控制指令,控制制动压力调节器去执行压力调节任务。ECU 的控制指令及输出信号,包括给液压调节器的控制信号、输出的自诊断信号和输出给 ABS 故障指示灯的信号。

(4)工作前的初始检查。点火开关置于 ON 位置后,ECU 将对自身微处理器功能进行检查,对重要的外围电路进行检查,若检查结果正常,ABS 开始工作。

ECU 对外围电路进行检查包括:比较各电磁阀的电阻及让电磁阀工作,判断是否正常;使电动机工作,判断是否正常;确认所有轮速传感器有信号输入。

初始检查过程中,会按顺序激活制动器执行器总成的各个电磁阀和电动机,以执行电气检查。可听见来自发动机舱的电磁阀和电动机的工作声音,但这不是故障。

(5) 行驶中的定时检查。行驶中定时的检查功能包括由微处理器进行的检查和外围电路本身的检查。如果有故障,由微处理器最后确认,与故障内容相对应的故障编码被储存在 ECU 内的存储器中。

(6) 自动诊断显示。如果安全保护电路检查出有异常情况,则停止 ABS 的工作,返回原有的制动方式(不使用 ABS),且 ECU 呈现故障状态。这时 ECU 显示出故障信息。

❸ 制动压力调节器

制动压力调节器主要有:液压式、真空式、机械式等种类,其中液压式应用最为广泛。ABS 液压控制总成是在普通制动系统的液压装置上经设计后加装 ABS 液压调节器而形成的。制动压力调节器俗称 ABS 泵,它根据 ECU 发出的控制信号,自动调节制动轮缸的制动压力。ABS 液压调节器装在制动主缸与制动轮缸之间,与主缸装在一起的称为整体式,否则是非整体式。

现代的 ABS 都是将 ECU 和压力调节器做成一体,如图 6-18 所示。制动压力调节器包括多个电磁阀,1~2 个回油泵及储液器等。制动压力调节器串联在制动主缸和制动轮缸之间,通过电磁阀直接或间接地控制制动轮缸的制动压力。根据调压方式可以将压力调节器分为循环式压力调节器和可变容积式压力调节器。

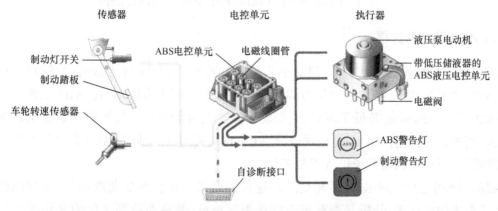

a) 防抱死制动系统(ABS)的传感器、执行器和电控单元

图 6-18

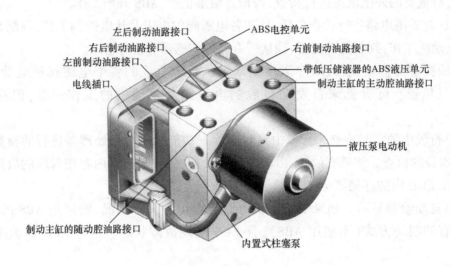

b)防抱死制动系统(ABS)电控单元与液压电控单元总成(含电动机)

图 6-18　液压调节器

❹ ABS 警告灯

图 6-19　ABS 警告灯

ABS 警告灯位于仪表板内,如图 6-19 所示。ABS 警告灯工作情况如下:

(1)点火开关接通后,ABS 警告灯闪烁几次后熄灭,表明 ABS 自诊断完毕,系统正常。如果不熄灭,表明系统有故障。

(2)如果在系统中检测到任何电气故障,ABS 警告灯点亮,然后 ABS 停用,车辆制动系统返回常规操作。

(3)ABS 进行自我诊断时,ABS 警告灯点亮。

❻ ABS 的工作过程

ABS 在常规制动基础上工作,制动中车轮未抱死时,与常规制动相同;车轮趋于抱死时,ABS 才工作,ECU 控制制动压力调节器对轮缸制动压力进行调节。ABS 工作的汽车车速必须大于 5km/h,若低于该车速,制动时车轮仍可能抱死。常规制动系统出现故障,ABS 随之失去控制作用;ABS 出现故障,ECU 自动关闭 ABS,同时 ABS 警告灯点亮并存储故障码,但常规制动系统仍可正常工作。

制动过程中,ABS 的 ECU 不断地从轮速传感器及车速传感器获取信号,并加以处理,计算车轮的滑移率,分析是否有车轮即将抱死拖滑,并进而控制液压力来精确地控制车轮的滑移率,以保证汽车获得最大的地面制动力、最短的制动距离和良好的制动方向稳定性。使实际制动过程接近理想制动过程。ABS 的工作过程一般可以分为增压

(升压)状态、保压状态及减压(降压)状态。

1 循环式压力调节器

循环式制动压力调节器又称流通式制动压力调节器,它的制动压力油路和ABS控制压力油路相通。这种压力调节器结构简单、控制方便,被广泛采用。循环式压力调节器包括储能器(又称储液器)、回油泵及电磁阀等。

电磁阀串联在汽车原有的制动管路中,直接控制压力的增减。循环式调节器有的使用一个电磁阀,有的使用两个电磁阀。回油泵是一个电动高压泵,这种液压泵又称再循环泵。它可在短时间内将制动液加压到14~18MPa。它的作用是把减压过程中轮缸流回的制动液送回高压端,这样可以防止ABS工作时制动踏板行程发生变化。液压泵和主缸间的管路中设置一个止回阀,不让高压制动液直接进入主缸,而是进入储能器中暂时储存起来。ABS的增压过程主要是由储能器供给高压制动液。因此,可以抑制ABS工作过程中产生的踏板行程变化。

(1)升压过程。升压控制过程又称常规制动过程。当驾驶人踩下制动踏板时,制动主缸的压力升高,这时ABS的ECU根据轮速传感器传来的信号判断车轮滑移率太低,ECU控制制动压力调节器中的电磁阀不通电,此时电磁阀柱塞在弹簧张力作用下处于如图6-20所示位置。该电磁阀一般为三位三通式电磁阀,由柱塞、弹簧、固定铁芯等组成,直接控制轮缸的制动压力。电磁阀在ECU控制下,有通电电流为零、通电电流较小及通电电流较大三种工作状态,分别对应于"升压""保压"及"减压"三种位置。

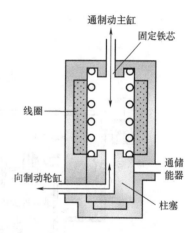

图6-20 电磁阀不通电

如图6-21所示,这时制动主缸和制动轮缸是相通的,来自制动主缸的制动液直接进入制动轮缸,制动主缸可随时控制制动压力的增减。此时压力调节器的回油泵不工作,车轮转度迅速降低,直到ABS ECU通过轮速传感器识别出车轮有抱死的倾向为止。

压力调节器使用双电磁阀调节油压和使用一个电磁阀的控制原理类似。如图6-22所示,进油阀为常开阀,出油阀为常闭阀。升压时,ECU控制制动压力调节器中的进油阀和出油阀不通电,来自制动主缸的制动液直接进入制动轮缸,制动轮缸压力增加。

(2)保压过程。当驾驶人继续踩住制动踏板时,制动主缸的压力继续升高,此时ABS的ECU根据轮速传感器传来的信号判断车轮有抱死的趋势,开始控制制动压力调节器中的电磁阀通过较小电流(2A),电磁线圈产生电磁吸力小,吸动衔铁上移量少,但能适当压缩弹簧,柱塞移至图6-23所示的位置,所有的通道都被截断,来自制动主缸的制动液不进入制动轮缸,所以能保持制动压力,如图6-24所示。此时压力调节器的回油泵不工作。

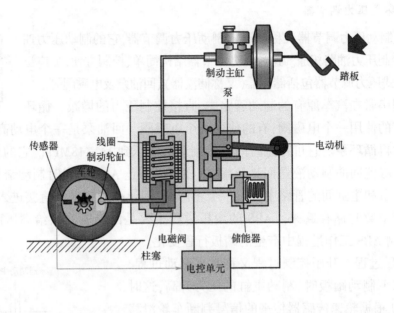

图 6-21　单电磁阀压力调节器升压控制

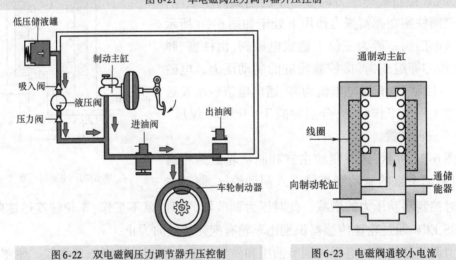

图 6-22　双电磁阀压力调节器升压控制　　　　图 6-23　电磁阀通较小电流

如图 6-25 所示,双电磁阀压力调节器保压控制时,当 ABS 的 ECU 控制制动压力调节器中的进油阀通电,出油阀不通电,来自制动主缸的制动液不进入制动轮缸,制动轮缸压力维持不变。

(3)减压过程。车轮在保压阶段抱死倾向进一步加大时,ABS 进入降压阶段。ABS 的 ECU 根据轮速传感器传来的信号判断车速仍然过低,有抱死的趋势(滑移率为 20%~25%)时,ECU 控制电磁阀线圈通入较大电流(5A),如图 6-26 所示,产生电磁吸力大,压缩弹簧,使柱塞移至上端。如图 6-27 所示,制动主缸和制动轮缸的通路被截断,制动轮缸和储能器接通,制动轮缸的制动液流入储能器,制动压力降低。与此同时,驱动电动机启动,带动液压泵工作,把流回储能器的制动液加压后输送到制动主缸,制动压力降低,制动踏板出现抖动,车轮抱死程度降低,车轮转速增大。

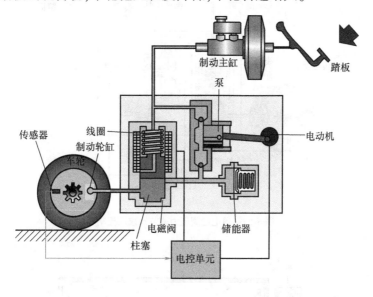

图 6-24　单电磁阀压力调节器保压控制

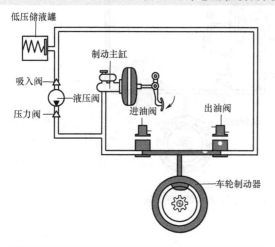

图 6-25　双电磁阀压力调节器保压控制

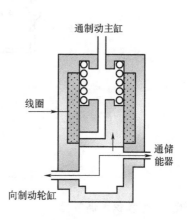

图 6-26　电磁阀通较大电流

如图 6-28 所示,双电磁阀压力调节器减压控制时,ABS 的 ECU 控制制动压力调节器中的进油阀和出油阀都通电,来自制动轮缸的制动液由回油泵送回制动主缸,制动轮缸压力减小。

(4)增压过程。当车轮抱死倾向被减少到一定程度时,ABS 的 ECU 控制电磁阀断电,柱塞又回到图 6-20 所示的初始位置。制动主缸和制动轮缸再次相通,制动主缸端的高压制动液(包括液压泵输出的制动液)再次进入制动轮缸,增加了制动压力。

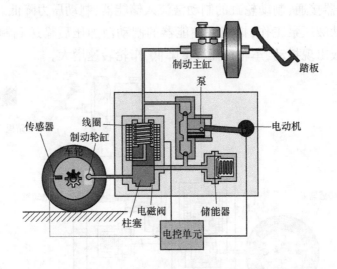

图6-27 单电磁阀压力调节器减压控制

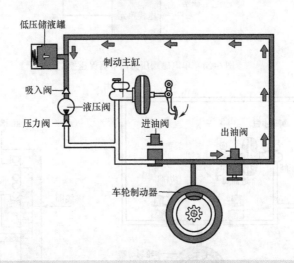

图6-28 双电磁阀压力调节器减压控制

❷ 可变容积式调节器

可变容积式调节器的 ABS 制动压力油路和 ABS 控制压力油路相互隔开,如图6-29所示,它在汽车原有的制动管路上增加一套液压装置,用它控制制动管路容积的增减,从而控制制动压力的变化。可变容积式压力调节器由液压部件、储液室、电动泵、储能器、电磁阀等组成。电磁阀和微型电动机根据 ECU 指令进行工作。这种方式的特点是通过改变电磁阀柱塞的位置来控制动力活塞的移动,改变缸侧管路容积,利用这种变化间接地控制制动压力的增减。其制动压力的增减速度取决于动力活塞的移动速度。

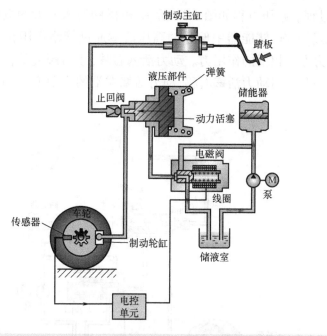

图6-29　可变容积式调节器工作原理

(1) 常规制动过程。如图6-30所示，液压部件的活塞被弹簧力推至左端，活塞顶端有一推杆顶开止回阀，使制动主缸和制动轮缸之间的管路接通。这种状态是ABS工作之前或工作之后的常规制动工况，制动主缸直接控制制动压力的增减。

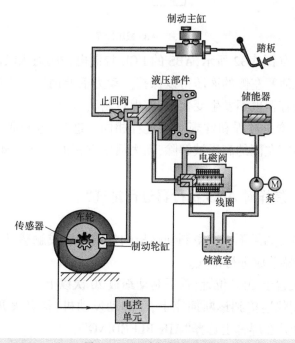

图6-30　ABS常规制动过程

（2）减压过程。减压过程如图 6-31 所示，电磁阀通入较大的电流，电磁阀内的柱塞移到右边，电动泵工作，储能器中储存的高压液体通过管路作用在动力活塞的左侧，产生一个与弹簧力方向相反的作用力。动力活塞右移，止回阀关闭，制动主缸和制动轮缸之间的通路被切断。因动力活塞右移，动力活塞左端的容积增大，制动轮缸管路的油压减小。

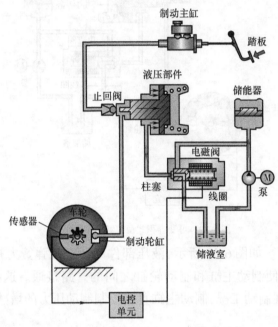

图 6-31　ABS 减压过程

（3）保压过程。如图 6-32 所示，ABS 的 ECU 控制电磁阀通入较小的电流，电磁阀柱塞移到左边，作用在活塞左侧的液压得以保持。动力活塞两端承受的作用力相等，动力活塞静止不动，管路容积也不发生变化，能够保持制动压力。

（4）增压过程。增压过程和常规制动过程相同。这时，电磁阀断电，柱塞回到初始位置，作用在动力活塞左侧的高压被解除，动力活塞重新顶开止回阀。

引导问题 3　怎样对 ABS 执行器进行排气？

制动系统排气后，如果不能获得制动踏板的规定高度或触感，则按以下步骤用智能检测仪对 ABS 执行器总成进行排气。

（1）将点火开关置于 OFF 位置，踩下制动踏板 20 次以上。

（2）将智能检测仪连接到诊断插座上，不起动发动机，将点火开关置于 ON（IG）位置；接通智能检测仪并在屏幕上选择"AIR BLEEDING"。

（3）根据智能检测仪显示屏上的"Step1：Increase"进行排气。按对制动管路进行排气的方法进行排气。

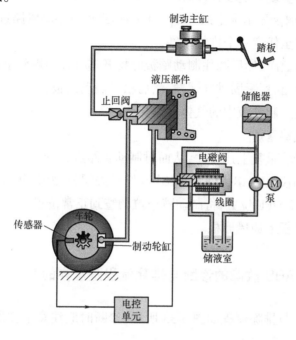

图 6-32 ABS 保压过程

（4）根据智能检测仪显示屏上的"Step2：Inhalation"对吸液管路进行排气。

①在右前轮或右后轮的排气螺塞上连接一根塑料管，然后松开排气螺塞。

②用智能检测仪对制动器执行器总成进行排气。在此步骤中务必要松开制动踏板。执行器操作在 4s 内自动停止。

③参考智能检测仪显示屏，检查并确认执行器操作已停止并紧固排气螺塞。

④重复步骤②和③直至制动液中的气体完全放出。

⑤完全紧固排气螺塞。

⑥按上述相同的步骤对其余车轮进行排气。

（5）根据智能检测仪显示屏上的"Step3：Decrease"对减压管路进行排气。

①将塑料管连接至任意一个排气螺塞，松开排气螺塞。

②保持制动踏板完全踩下，用智能检测仪操作制动器执行器总成。执行器操作在 4s 内自动停止。连续执行该程序时，至少需要 20s 的时间间隔。操作完成后，制动踏板会稍微下降，这是电磁阀打开时的正常现象。操作本程序期间，制动踏板会显得沉重，但仍应完全踩下制动踏板，使制动液能够从排气螺塞流出。确保踩住制动踏板不放，禁止反复踩下和松开制动踏板。

③紧固排气螺塞，然后松开制动踏板。

④重复步骤②和③直至制动液中的气体全部排出。

⑤完全紧固排气螺塞。

⑥对其余制动器重复上述步骤,以排出制动管路中的空气。

(6)根据智能检测仪显示屏上的"Step4:Increase"再对制动管路进行排气。

①将塑料管连接至任意一个排气螺塞。

②踩下制动踏板数次,然后踩住制动踏板时松开连接在塑料管上的排气螺塞。

③制动液不再溢出时,紧固排气螺塞,然后松开制动踏板。

④重复②和③直至制动液中的气体完全排出。

⑤完全紧固排气螺塞。

⑥对每个制动器均重复上述程序,从而对制动管路进行排气。

⑦完成智能检测仪上"AIR BLEEDING"操作后关闭检测仪;从 DLC3 上断开智能检测仪;将点火开关置于 OFF 位置;将制动液液位调整到正常位置。

⑧安装中间前围板上通风栅板。

引导问题4　　ABS 故障的诊断与排除流程是怎样的?

ABS 故障的诊断与排除流程如图 6-33 所示,诊断时应注意下文所列 ABS 检修注意事项。

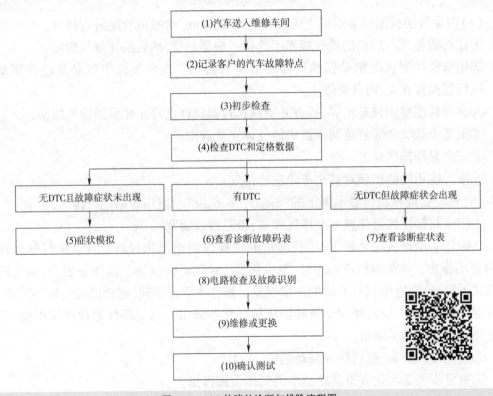

图 6-33　ABS 故障的诊断与排除流程图

学习任务六　ABS 警告灯点亮的检修

二、实施作业

引导问题 5　作业需要哪些工具、设备和材料？

（1）智能检测仪。
（2）万用表。
（3）制动液及排放制动液空气的透明容器、胶管、梅花扳手。
（4）卡罗拉 1.6L 轿车的维修手册。

引导问题 6　通过查询和查找填写以下信息。

生产年份_____，车牌号码_____，行驶里程_____km，发动机型号及排量_____，车辆识别代号（VIN）_____。

引导问题 7　作业前的准备工作有哪些？

（1）汽车进入工位前，将工位清理干净，准备好相关的器材。
（2）将汽车停在举升机中央位置，将举升机升起至车轮悬空。
（3）将变速杆置于空挡或 P 挡。
（4）套上转向盘防尘罩、变速杆手柄套和座椅套等，铺设脚垫。
（5）粘贴翼子板和前脸磁力护裙。

引导问题 8　维修 ABS 时需要注意什么？

维修 ABS 时需要注意以下事项：
（1）ABS 与普通制动系统是不可分的，普通制动系统一旦出现问题，ABS 就不能正常工作。
（2）ABS 电控单元对过电压、静电非常敏感，如有不慎就会损坏电控单元中的芯片，造成整个 ABS 瘫痪。除非检查程序中有特殊规定，否则应确保在点火开关置于 OFF 位置时拆下和安装 ECU、制动器执行器和各传感器等。
（3）维修车轮速度传感器时一定要十分小心。拆卸时注意不要碰伤传感器头，不要用传感器齿圈当作撬面,以免损坏传感器。

(4)在对高压储能器这类制动系统的液压系统进行维修作业之前,应首先进行泄压,使储能器中的高压制动液完全释放,在释放储能器中的高压制动液时,先将点火开关断开,然后反复地踩下和放松制动踏板(至少要25次以上),直到踩制动踏板觉得很硬时为止。

(5)制动液至少每隔两年要更换一次,最好是每年更换一次。

(6)在更换ABS零部件时,一定要选用本车型高质量正宗的配件,确保ABS维修后能正常地工作。

(7)对于接触不良的插头,如果将其重新安装,只能暂时恢复到正常状态,所以应该更换接触不良的插头。

(8)由于ABS会受其他系统故障的影响,所以一定要检查其他系统的故障码。

(9)如果ECU、制动器执行器或传感器已被拆下并安装,有必要在重新装配零件后检查系统是否有故障。使用智能检测仪检查故障码,并使用测试模式检查并确认系统功能和ECU接收到的信号正常。

(10)ABS出现故障时,按故障码优先的原则,先读取故障码及定格数据。

无论何时检测到ABS的DTC,ABS的ECU都会将当前车辆传感器的状态作为定格数据存储下来。读取定格数据有利于故障的分析。

(11)ABS绝大多数元件不能拆修,只能更换。

(12)液压控制装置维修完后,要进行排气。

(13)拆下零件前要将点火开关置于OFF位置。

(14)检查零件时如果没有发现异常情况,检查ABS的ECU和搭铁点是否存在接触不良。

(15)检测到2个或多个DTC时,逐一执行电路检查直至发现故障。

(16)在检查表6-4所列故障的可疑部位前,应先检查熔断丝和继电器。

(17)防抱死制动系统的故障排除步骤建立在CAN通信系统功能正常的基础上。对防抱死制动系统进行故障排除前,应首先检查CAN通信系统。

CAN(Controller Area Network)总线又称汽车总线,其全称为控制器局域网,其目的是使汽车控制系统的数据传输实现高速化,并使汽车控制系统简单化。CAN总线是德国Bosch公司为解决现代汽车中众多的电控单元之间的数据交换而开发的一种串行通信协议。CAN总线在诸多汽车总线中有着重要的地位,现已成为汽车总线的代名词。

CAN通信系统用于防滑控制ECU和其他ECU之间的数据通信。如果CAN通信线路中有任何故障,则输出通信线路中相应的故障码。如果输出任何CAN通信线路中的DTC,应在数据通信正常时维修通信线路中的故障并对ABS系统进行故障排除。为实现CAN通信,CAN通信线路使用了特种电线。用于各通信线路的电线为同等长度的双绞线。最好不要使用旁通线束,因为这样会破坏正在传送中的数据。

引导问题9 怎样检修 ABS 警告灯点亮的故障?

当 ABS 警告灯点亮时,参照图6-33对其进行排除,检修步骤如下。

1 汽车送入维修车间

客户如有预约,应提前做好准备,例如准备相应的工位及维修手册等。

2 记录客户汽车的故障特点

向客户询问故障发生时的条件和环境,例如向客户询问 ABS 故障灯是从什么时候开始亮起的,有没有在其他的维修企业进行过维修,如有,询问维修过哪些地方。

3 初步检查

故障分析之前,对系统进行初步检查,检查是否有制动液泄漏、导线破损、插头松脱、制动液液位过低等现象,具体包括以下内容:

(1)对 ABS 故障灯和制动警告灯做初始检查时,将点火开关置于 ON 位置时,检查并确认 ABS 警告灯和制动警告灯亮起约3s。如不正常,见"引导问题10"。

(2)检验驻车制动是否完全释放。

(3)检查制动液液面是否在规定的范围之内。

(4)检查 ABS 电控单元导线插头、插座的连接是否良好,插接器及导线是否损坏。

(5)检查下列导线插接器(插头与插座)和导线的连接或接触是否良好:液压调节器上的电磁阀体插接器;液压调节器上的主控制阀插接器;连接压力警告开关和压力控制开关的插接器;制动液液面指示开关插接器;四轮车速传感器的插接器;电动泵插接器。

(6)检查所有的继电器、熔断丝是否完好,插接是否牢固。

(7)检查蓄电池电压是否在规定的范围内;检查蓄电池正、负极导线的连接是否牢靠,连接处是否清洁。

(8)检查 ABS 电控单元、液压控制装置等的搭铁端的接触是否良好。

(9)检查车轮胎面纹槽的深度是否符合规定。

4 检查 DTC 和定格数据

检查 DTC(故障代码)和定格数据时:检查并记录 DTC 和定格数据;清除 DTC 和定格数据;重新确认 DTC,必要时试车再读取故障码。

1 读取、清除及确认 DTC

(1)检查 DTC 的步骤:
①将智能检测仪连接到诊断接座 DLC3 上。
②将点火开关置于 ON 位置。
③接通智能检测仪。
④根据检测仪屏幕上的提示读取 DTC,进入以下菜单项:Chassis/ABS/VSC/TRC/DTC。
⑤检查 DTC 的详情。

(2)清除 DTC 的步骤:
①将智能检测仪连接到 DLC3。
②将点火开关置于 ON 位置。
③接通智能检测仪。
④操作智能检测仪清除代码,进入以下菜单项:Chassis/ABS/VSC/TRC/DTC/Clear。

(3)重新确认 DTC。根据记录的 DTC 和定格数据,重新确认 DTC。

2 读取定格数据

无论何时检测到 ABS 的 DTC,ECU 都会将当前传感器状态作为定格数据存储下来。

(1)定格数据存储特点:
①ECU 储存从最后一次 ABS 激活开始,点火开关从 OFF 转至 ON 位置的次数,但是如果在车辆停止或低速行驶低于 7km/h 时,检测到一个 DTC 时,ECU 将停止计数。
②只要 ABS 工作,ECU 就会储存并更新数据。检测到 DTC 时 ECU 会存储数据,并清除 ABS 工作时存储的数据。
③检测到 DTC 时,ECU 会存储数据,在清除数据之前将不会更新数据。

(2)检查定格数据:
①将智能检测仪连接到 DLC3。
②将点火开关置于 ON 位置。
③接通智能检测仪。
④进入以下菜单项:Chassis/ABS/VSC/TRC/DTC。
⑤根据检测仪的显示,选择显示有"!"的 DTC 数据,见表 6-1。

学习任务六　ABS 警告灯点亮的检修

定格数据显示　　　　　　　　　　　　　　　　　　　　　　　　表 6-1

检测仪显示	测量项目	参考值
Elapsed Time after Freeze Trigger	定格数据触发后已过的时间	最小:0ms,最大:500ms
Number of IG ON	存储定格数据后点火开关置于 ON 位置的操作次数	0~31
Stop Lamp SW	制动灯开关信号	制动灯开关打开:ON,关闭:OFF
Parking Brake SW	驻车制动开关信号	驻车制动开关打开:ON,关闭:OFF
Operated System	工作系统状态	ABS:ABS 激活 BA:BA 激活 FAIL:失效保护模式激活 SYS:系统禁用激活 NON:无操作激活
FR Wheel Speed	右前轮转速读数	最低:0km/h(0m/h),最高:326.4km/h(202m/h)
FL Wheel Speed	左前轮转速读数	最低:0km/h(0m/h),最高:326.4km/h(202m/h)
RR Wheel Speed	右后轮转速读数	最低:0km/h(0m/h),最高:326.4km/h(202m/h)
RL Wheel Speed	左后轮转速读数	最低:0km/h(0m/h),最高:326.4km/h(202m/h)
Vehicle Speed	车速读数	最低:0km/h(0m/h),最高:326.4km/h(202m/h)
Vehicle Speed Grade	车速等级	最小:-25.11m/s²,最大:24.91m/s²

(3)清除定格数据。清除 DTC 将同样清除定格数据,清除时参照 DTC 的清除。

5　症状模拟

在故障排除中,最困难的情况是无症状出现。在这种情况下,必须对客户的车辆进行全面的故障分析。然后重现客户车辆发生故障时的相同或类似的条件和环境。无论技术人员经验如何丰富或技术如何高超,如果尚未确认故障症状就开始故障排除,则很有可能在维修操作中忽略一些关键点并作出某些错误猜测,这将导致故障排除陷入停滞状态。在 ABS 故障检测与诊断中,若是单纯的元件不良,可运用电路检测方式诊断。如果属于间歇性故障或是相关的机械性问题,则需要进行模拟测试以及动态测试。

采用振动法可以找到振动时产生故障的主要原因。在将点火开关置于 ON 位置后约 6s 的初步检查阶段执行模拟法。如图 6-34 所示,用手指轻轻晃动怀疑是故障起因的传感器部件,并检查是否出现故障;在垂直和水平方向轻轻晃动插接器;不要过于用力晃动继电器,否则可能会导致继电器断路;在垂直和水平方向轻轻晃动线束;插接器接头和振动支点是需要彻底检查的主要部位。

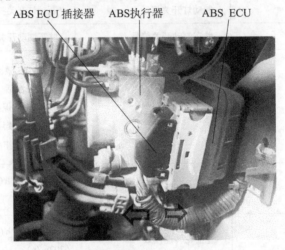

图 6-34　晃动线束

1　模拟测试方法

(1)将汽车顶起,使 4 个车轮均悬空。

(2)起动发动机。

(3)将变速杆置于前进挡(D)位置,观察仪表板上的 ABS 警告灯是否点亮。若 ABS 警告灯亮,表示车速传感器不良。

(4)如果 ABS 警告灯不亮,则转动左前轮。此时 ABS 警告灯若点亮,则表示左前轮车速传感器正常;反之,ABS 警告灯若不亮,即表示左前轮车速传感器不良。

(5)右前轮车速传感器测试方法与左前轮车速传感器测试方法相同。

2　动态测试方法

(1)使汽车在道路上行驶至少 12km 以上。

(2)测试车辆转弯时,ABS 警告灯是否会点亮。若某一方向 ABS 警告灯会亮,则表示该方向的轮胎气压不足,也可能是轴承不良、转向拉杆球头磨损、减振器不良或车速传感器脉冲齿轮不良。

(3)将汽车驶回,在 ABS ECU 侧的"ABS 电源"和"电磁阀继电器"端子间接上测试线和万用表(置于电压挡)。

(4)进行道路行驶,制动时注意观察"ABS 电源"端和搭铁间的电压,应在 11.7 ~

13.5V;而"电磁阀继电器"端子与搭铁间的电压,也应在10.8V以上。前者主要是观察蓄电池电源供应情况,后者主要是观察电磁阀继电器接点的好坏。

❸ 使用智能诊断仪检测线束和插接器瞬间中断情况

(1)将点火开关置于 OFF 位置。

(2)将智能检测仪连接到故障诊断座 DLC3 上。

(3)将点火开关置于 ON 位置。

(4)接通智能检测仪。

(5)按照智能检测仪上的指示显示数据表,并选择要监测的瞬间中断部位,见表6-2。

利用智能检测仪检测瞬间中断情况　　　　　　表6-2

检测仪显示	测量项目/范围	正常状态	诊断备注
FR Speed Open	右前轮转速传感器断路检测/ERROR 或 NORMAL	ERROR:瞬间中断 NORMAL:正常	—
FL Speed Open	左前轮转速传感器断路检测/ERROR 或 NORMAL	ERROR:瞬间中断 NORMAL:正常	—
RR Speed Open	右后轮转速传感器断路检测/ERROR 或 NORMAL	ERROR:瞬间中断 NORMAL:正常	—
RL Speed Open	左后轮转速传感器断路检测/ERROR 或 NORMAL	ERROR:瞬间中断 NORMAL:正常	—

(6)观察屏幕时,轻轻晃动 ECU 和传感器之间或各 ECU 之间的插接器或线束。正常时,显示未改变。如果显示发生变化,插接器和(或)线束可能存在瞬间中断(断路)故障。维修或更换有故障的插接器和(或)线束。

❻ 查看诊断故障码表

当 ABS 警告灯点亮后,使用智能诊断仪确认故障确实存在时,例如查出 DTC C0200 右前轮转速传感器电路故障,查找故障码表,见表6-3,可以得到提示故障部位。

要注意 DTC C0200 的检测条件,检测到以下任一条件时,ECU 会存储故障码:

(1)车速为10km/h(6m/h)或更高时,传感器信号电路断路或短路,且持续1s或更长时间。

(2)异常车轮传感器信号瞬间中断出现 255 次或以上。

(3)转速传感器信号电路断路,且持续0.5s或更长时间。

(4)IG1 端子电压为 9.5V 或更高时,传感器电源电压下降达 0.5s 或更长时间。

ABS 故障代码表摘录　　　　　　　　　　　表 6-3

DTC 代码	检测项目	故障部位
C0200	右前轮转速传感器电路	(1) 右前轮转速传感器； (2) 转速传感器电路； (3) 转速传感器转子； (4) 传感器的安装； (5) 制动器执行器总成
C0205	左前轮转速传感器电路	(1) 左前轮转速传感器； (2) 转速传感器电路； (3) 转速传感器转子； (4) 传感器的安装； (5) 制动器执行器总成
C0210	右后轮转速传感器电路	(1) 右后轮转速传感器； (2) 转速传感器电路； (3) 转速传感器转子； (4) 传感器的安装； (5) 制动器执行器总成
C0215	左后轮转速传感器电路	(1) 左后轮转速传感器； (2) 转速传感器电路； (3) 转速传感器转子； (4) 传感器的安装； (5) 制动器执行器总成
C0273	ABS 电动机继电器电路断路	(1) ABS NO.1 熔断丝； (2) ABS 电动机继电器电路； (3) 制动器执行器总成（ABS 电动机继电器）
C1249	制动灯开关电路断路	(1) STOP 熔断丝； (2) 制动灯开关； (3) 制动灯开关电路； (4) 制动器执行器总成

7 查看诊断症状表

使用故障症状表,可以帮助维修人员查找故障部位,表6-4所示为ABS常见故障诊断表。注意:在检查下表所列可疑部位前,应先检查熔断丝和继电器;按顺序检查每个可疑部位,症状表是以递减的顺序表示故障原因的可能性;必要时维修或更换有故障的零件或对其进行调整。

ABS常见故障症状表　　　　　　　　　　　　　　　表6-4

症　状	故障可疑部位
ABS传感器DTC检查无法进行	再次检查DTC,并确保输出正常系统代码
	TC和CG端子电路
	如果上述可疑部位中的电路检查完毕且证明一切正常,而症状仍然存在,则更换制动器执行器总成
ABS警告灯和/或多信息显示屏一直亮	ABS警告灯电路
	制动器执行器总成
ABS警告灯和/或多信息显示屏不亮	ABS警告灯电路
	制动器执行器总成
制动警告灯和/或多信息显示屏异常一直亮	制动警告灯电路
	制动器执行器总成
制动警告灯和/或多信息显示屏一直不亮	制动警告灯电路
	制动器执行器总成

8 电路检查及故障识别

使用智能诊断仪检查图6-35所示的右前轮轮速传感器线束和插接器是否瞬间中断。如果无法连接智能诊断仪,需要检查如图6-36所示的制动执行器总成的电路。故障诊断流程如图6-37所示,注意实际维修的时候经常无须经历所有的步骤,例如线束插接器损坏,只需3个步骤就可结束作业。

(1)检查线束和插接器瞬间中断情况。检查线束和插接器瞬间中断情况的方法,参照步骤5中3)使用智能诊断仪检测线束和连接器瞬间中断情况。

(2)维修或更换线束插接器。维修或更换线束插接器的方法见步骤9。

(3)再次确认DTC:

①将点火开关置于OFF位置。

②清除DTC。

③起动发动机。

④以40km/h或更高的速度行驶车辆至少60s。

⑤检查是否记录同一DTC。如果未输出DTC,则故障诊断结束,如果输出DTC,则进行下一步骤。

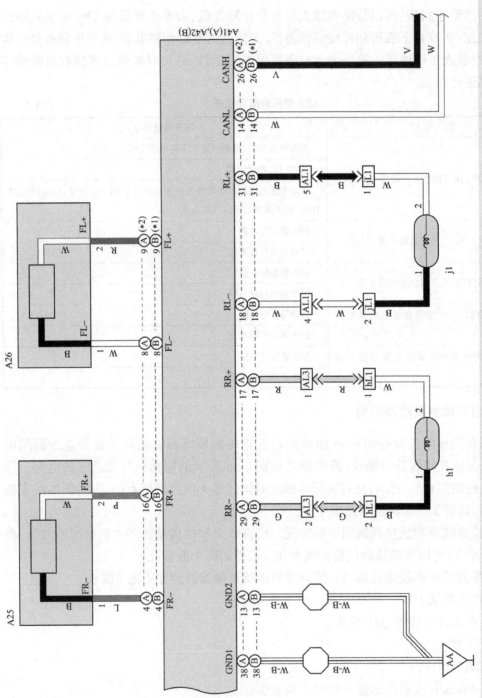

图6-35 2016款卡罗拉ABS轮速传感器电路图

*1-带VSC；*2-不带VSC；A25-右前轮速传感器；A26-左前轮速传感器；h1-右后轮速传感器（右侧防滑控制传感器线束）；j1-左后轮速传感器（左侧防滑控制传感器线束）；A41(A)，A42(B)-制动执行器总成

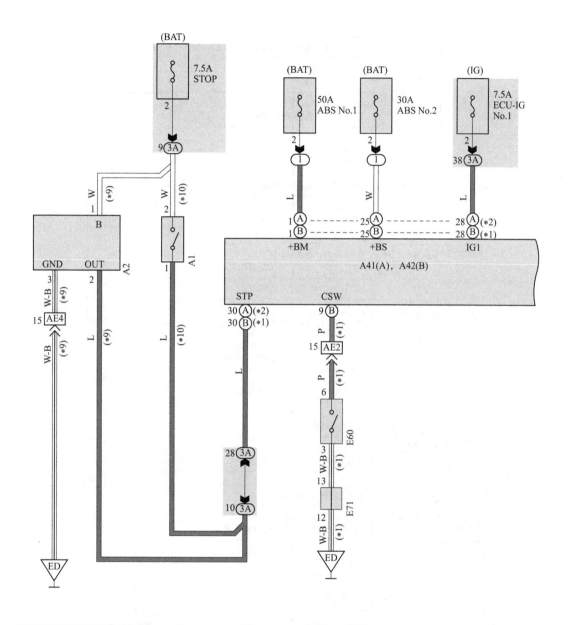

图6-36 2016款卡罗拉ABS制动执行器总成电路图
A1、A2-制动灯开关总成；A41（A）、A42（B）-制动执行器总成；E60-VSC OFF 开关;E71-4 号接线连接器

(4)读取智能检测仪上右前轮轮速传感器的值：
①将点火开关置于 OFF 位置。
②将智能检测仪连接到 DLC3。
③起动发动机。

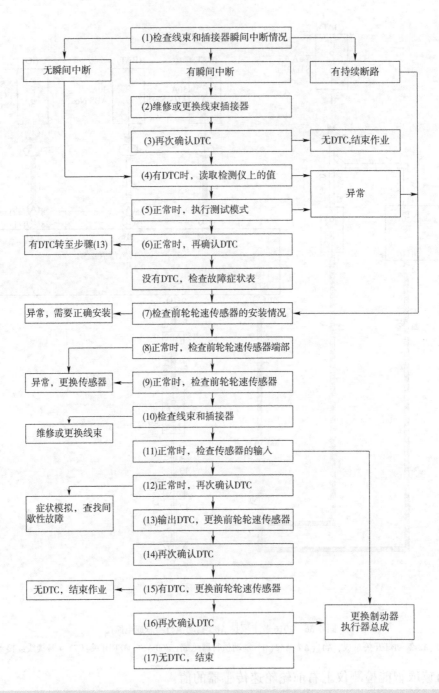

图 6-37 故障代码 C0200 故障诊断流程图

④ 选择智能检测仪上的 Data List 模式,见表 6-5。

⑤ 驾驶车辆时,检查并确认智能检测仪上显示的轮速传感器的输出速度值和速度

表上显示的速度值没有差别。

读取智能检测仪上轮速传感器输入的值 表6-5

检测仪显示	测量项目/范围	正常状态	诊断备注
FR Wheel Speed	右前轮转速传感器读数/最小:0km/h(0m/h),最大:326km/h(202m/h)	实际车轮转速	与速度表显示的速度相近
FL Wheel Speed	左前轮转速传感器读数/最小:0km/h(0m/h),最大:326km/h(202m/h)	实际车轮转速	与速度表显示的速度相近

(5)使用的检测模式:

①检测模式的特点。在正常车辆使用过程中,诊断系统在"正常模式"下工作。在正常模式下,使用"双程检测逻辑"确保进行准确的故障检测。技术人员还可以选择"检测模式"。在检测模式中,"单程检测逻辑"用于模拟故障症状并增强系统检测故障的能力,对故障有更高的灵敏度,包括间歇性故障。ECU处在检测模式时,使用智能检测仪比较容易检测到间歇性故障。

双程检测逻辑是指当首次检测到故障时,该故障暂时存储在ECM(发动机控制模块)存储器中(单程)。将点火开关置于OFF位置再置于ON位置,如果再次检测到同一故障,则MIL(发动机故障灯)将亮起。

②进入检测模式程序。在下列情况下,将删除所有存储的DTC和定格数据:ECM从正常模式切换到检测模式,或从检测模式切换到正常模式;在检测模式下,将点火开关从ON位置切换到ACC或OFF位置。在切换模式前,务必检查并记录所有DTC和定格数据。检测模式程序如下:

a. 检查并确保以下条件:蓄电池正电压为11V或更高;节气门全关;变速器位于空挡位置;空调开关关闭。

b. 将点火开关置于OFF位置;将智能检测仪连接到DLC3;将点火开关置于ON位置并开启检测仪。

c. 选择以下菜单项:Utility/Check Mode。

d. 将ECM从正常模式切换到检查模式,并确保故障灯闪烁。

e. 起动发动机,确保故障灯熄灭。

f. 模拟客户描述的故障条件。

g. 用检测仪检查DTC和定格数据。

(6)再次确认DTC。操作方法同步骤(3)。

(7)检查右前轮轮速传感器的安装情况。如图6-38所示,安装正常时,传感器与前转向节之间无间隙。安装螺母紧固正确。

(8)拆检右前轮轮速传感器。拆下右前轮轮速传感器,检查轮速传感器端部,传感器端部应无划痕或异物,否则更换。

(9)测量传感器阻值。如图6-39所示,检查右前轮轮速传感器两个端子与搭铁之间阻值应大于10kΩ，否则更换。

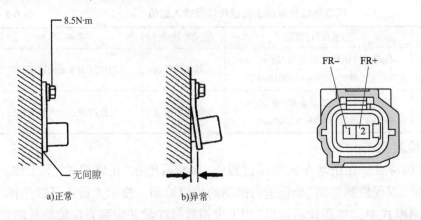

图6-38 右前轮轮速传感器的安装情况　　图6-39 检查右前轮轮速传感器

（10）检查ABS的ECU至前轮轮速传感器线束和插接器。如图6-40所示，断开防滑控制ECU插接器，FR+与A25之间的电阻应小于1Ω，FR+与车身搭铁之间的阻值应大于10kΩ。

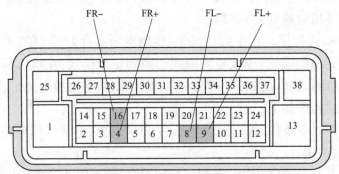

图6-40　2016款卡罗拉ECU A41插接器

（11）检查ABS ECU给右前轮轮速传感器的电源。测量插接器2号端子与搭铁之间电压应为8~12V。否则更换制动器执行器总成。

（12）再次确认DTC。

（13）更换右前轮轮速传感器。

（14）再次确认DTC。

（15）更换右前轮轮速传感器转子。

右前轮轮速传感器转子安装在前桥轮毂分总成内，如需更换右前轮轮速传感器转子，则需一起更换前桥右轮毂分总成，更换方法见步骤9。

（16）再次确认DTC。仍有DTC输出，则更换制动器执行器总成，未输出DTC，结束作业。

（17）结束作业。

9 维修或更换

1 维修或更换线束插接器

(1) 将点火开关置于 OFF 位置。

(2) 维修或更换线束或插接器。

(3) 检查防滑控制 ECU 和前轮轮速传感器之间是否有任何瞬间中断现象。

(4) 检查并确认无瞬间中断现象。

2 更换轮速传感器

卡罗拉轿车左前轮轮速传感器的安装位置如图 6-41 所示,拆卸方法及步骤如下:

(1) 从蓄电池负极端子断开电缆。

(2) 拆卸前轮。

(3) 拆卸侧挡泥板、前翼子板挡泥板等附件。

(4) 拆卸前轮轮速传感器。参照图 6-42,断开传感器插接器和线束卡夹,拆下固定螺栓。注意防止异物粘在传感器端部。每次拆下轮速传感器时,清洁轮速传感器的安装孔和表面。

图 6-41 左前轮轮速传感器安装位置

图 6-42 拆卸前轮轮速传感器

(5) 拆卸左前桥轮毂螺母,分离前挠性软管,分离前盘式制动器制动钳总成,拆卸前制动盘,分离横拉杆接头分总成,分离前悬架 1 号下臂分总成,拆卸前桥总成。

(6) 拆卸带传感器转子的前桥轮毂和轴承总成。如需更换传感器转子,则一同更换前桥轮毂和轴承总成。

安装时按拆卸相反顺序进行。但需要注意:防止异物粘在传感器端部;安装轮速传感器时,不要扭曲前轮轮速传感器线束;不要用锉刀锉孔或表面,因为磁性转子和传感器之间的间隙非常重要。

❸ 更换制动器执行器总成

（1）拆卸。拆卸制动器执行器时，可参照图 6-43 进行，拆卸步骤为：从蓄电池负极端子断开电缆；拆卸前刮水臂端盖等附件；断开线束；排净制动液；拆卸带支架的制动器执行器；拆卸制动器执行器。

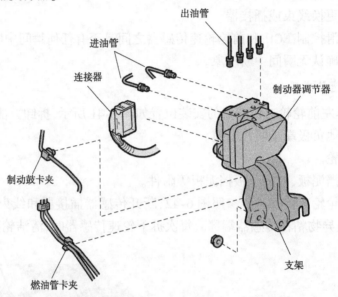

图 6-43　制动器执行器拆装图

（2）安装。按拆卸相反步骤进行安装。安装完后要注意：给储液罐加注制动液；对制动主缸进行放气；对制动管路进行放气；检查储液罐中的制动液液位；检查制动液是否泄漏；将电缆连接至蓄电池负极端子；断开电缆后重新连接时，一些系统需要初始化；用智能检测仪检查制动器执行器；检查和清除 DTC。

10 确认测试

故障排除后，将故障码清除。再将点火开关置于 ON 位置。检查并确认 ABS 警告灯在约 3s 内熄灭。如果警告灯仍然持续点亮，可能是系统中仍有故障存在，也有可能是故障已经排除，而故障码未被清除；警告灯不再点亮后，进行路试，确认系统是否恢复工作。

引导问题 10　怎样检修 ABS 警告灯和制动警告灯工作异常？

ABS 警告灯和制动警告灯工作异常时，将无法正常提示故障信息，为确认 ABS 警告灯和制动警告灯是否能正常工作，可以对其做初始检查。要注意：施加驻车制动或制动液液位低时，制动警告灯会亮起，所以检查警告灯前要松开驻车制动器和检查制动液液位。

学习任务六 ABS警告灯点亮的检修

1 ABS警告灯一直亮时的检修步骤

如果ABS警告灯一直亮,一般是以下原因:
(1) ABS的ECU插接器从ECU上断开;
(2) ABS的ECU内部电路出现故障;
(3) 组合仪表和防滑控制ECU之间的线束出现断路;
(4) ABS控制系统有故障。

可以根据图6-44所示电路,按以下步骤进行检查:

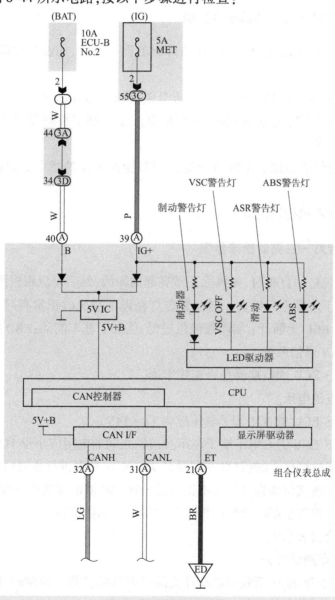

图6-44 ABS警告灯电路图

(1) 检查蓄电池电压应为 11~14V；

(2) 使用智能检测仪检查 CAN 通信系统；

(3) 检查 ABS 的 ECU 插接器是否连接牢固；

(4) 检查 ABS 的 ECU 的 IG1 端子的电压应为蓄电池电压；

(5) 检查 ABS 的 ECU 的 GND1 端子与车身搭铁之间的电阻应小于 1Ω；

(6) 使用智能检测仪检查组合仪表总成应正常，否则应该更换组合仪表总成；

(7) 更换制动器执行器总成。

2　ABS 警告灯一直不亮的检修步骤

(1) 检查 CAN 有无故障码，如有，按故障码的提示操作，如没有故障码，则进行下一步骤。

(2) 断开 ABS ECU 的插接器，打开点火开关，检查并确认 ABS 警告灯亮起且多信息显示屏（带多信息显示屏的车辆）显示警告信息。正常则更换制动器执行器总成，不正常，则进行下一步骤。

(3) 检查组合仪表总成。ABS 警告灯按照智能检测仪的指令亮起或熄灭。否则更换组合仪表总成。

(4) 更换制动器执行器总成。

3　制动警告灯一直亮的检修步骤

检查制动警告灯一直亮时，先排除正常亮起的原因，然后可以根据图 6-49 所示制动警告灯电路按以下步骤进行检查。制动警告灯在以下情况时正常亮起：ABS 的 ECU 插接器从防滑控制 ECU 上断开；制动液液位过低；施加了驻车制动；EBD 操作被禁用。

(1) 检查 CAN 通信系统。

(2) 检查 ABS ECU 的插接器是否连接牢固。

(3) 检查蓄电池电压。

(4) 检查 ABS ECU 的 IG1 端子电压应为 11~14V。

(5) 检查 ABS ECU 的 GND1 端子与车身搭铁之间的电阻应小于 1Ω；

(6) 读取智能检测仪上的值（驻车制动开关），不正常则进行步骤(10)。

(7) 检查制动液液位警告开关。不正常时更换制动液液位警告开关。

(8) 检查组合仪表至制动液液位警告开关的线束和插接器。

(9) 检查组合仪表总成。

(10) 检查驻车制动开关。

(11) 检查主车身 ECU 至驻车制动开关的线束和插接器。异常时，维修或更换线束或插接器。正常时，更换主车身 ECU。

4 制动警告灯不亮时的检修步骤

(1) 检查CAN通信系统。

(2) 检查制动警告灯。正常时,更换制动器执行器总成。

(3) 检查组合仪表总成。异常时,更换组合仪表总成。正常时,更换制动器执行器总成。

三、评价与反馈

对本学习任务进行评价,见表6-6。

评 分 表　　　　　　　　　　　　　表6-6

考核项目	评分标准	分数	学生自评	小组互评	教师评价	小计
团队合作	是否和谐	5				
活动参与	是否积极主动	5				
安全生产	有无安全隐患	10				
现场5S	是否做到	10				
任务方案	是否正确、合理	15				
操作过程	检查间歇性故障; 初步检查; ABS故障警告灯的初始检查; ABS右前轮轮速传感器的更换; ABS故障警告灯点亮故障的排除	30				
任务完成情况	是否圆满完成作业	5				
工具和设备使用	是否规范、标准	10				
劳动纪律	是否能严格遵守	5				
工单填写	是否完整、规范	5				
总分		100				
教师签名:			年　月　日		得分	

学习任务七
ESP 警告灯点亮的检修

> **学习目标**
>
> 完成本学习任务后,你应当能达到以下目标。
> ◎ 知识目标
>   1. 叙述 ESP 的组成及作用;
>   2. 叙述 ESP 的作用条件。
> ◎ 能力目标
>   1. ESP 警告灯点亮的检修;
>   2. 向顾客介绍 ESP 的工作原理。
> ◎ 素养目标
>   1. 养成勇于挑战新技术的学习品质;
>   2. 养成不断学习的观念。

 建议完成本学习任务的时间为 **8** 课时。

 学习任务描述

一辆卡罗拉 1.6L 轿车,车主反映:前几天该车 ESP 警告灯点亮。车主询问 ESP 是什么意思,并需要你对该车 ESP 警告灯点亮故障进行排除。

学习任务七　ESP 警告灯点亮的检修

学习内容

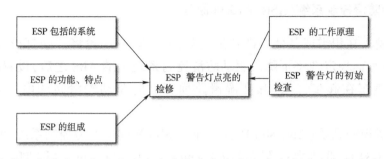

一、资料收集

引导问题 1　ESP 包括哪些系统？

ESP 是电子稳定程序，英语全称是"Electronic Stability Programe"。目前已经成为紧凑车以上车型的标准配置。在其他车型上，相同或相近功用的系统采用了不同的名字，如：宝马车上称为 DSC，丰田车上称为 VSC，本田车上称为 VSA 等。

电子稳定程序属于车辆的主动安全，也可称为动态驾驶控制系统。ESP 能够识别车辆不稳定状态，并通过对制动系统、发动机管理系统和变速器管理系统实施控制，从而有针对性地弥补车辆滑动。EPS 的功用如图 7-1 所示。

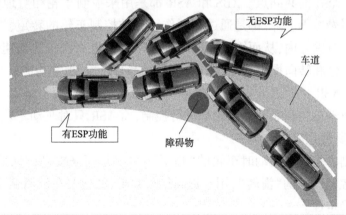

图 7-1　EPS 的功用

ESP 实际上包括 ABS 和 TCS（牵引力控制系统）两大系统的功能，但又不是两者简单的叠加。当汽车在行驶过程中需躲避障碍物、突然猛打转向盘或汽车在复合路面上行驶时，ESP 就会启动，来有效地保证行驶安全。ESP 包括防抱死制动系统（ABS）、驱动防滑控制系统(ASR)、电子制动力分配装置(EBD)、制动辅助系统(BA)等。

1 驱动防滑控制系统(ASR)的工作原理

如果驾驶人在积雪或其他打滑道路上猛烈加速,驱动轮将开始打滑,加速的程度将降低,并且车辆稳定性将下降。驱动防滑控制系统是继ABS之后,设置在汽车上专门用来防止汽车在起步、加速和在湿滑路面行驶时驱动轮滑转的电子驱动力调节系统。

驱动防滑控制系统(Anti Slip Regulation,ASR)又称牵引力控制系统(Traction Control System,TCS)或驱动力控制系统(Traction Control System,简称TRC或TRAC)。ASR通过轮速传感器不断监视着每个车轮,汽车在起步、加速或在其他湿滑路面行驶时,如果某个车轮出现了打滑的趋势,ASR的ECU将降低发动机输出,并施加制动力限止打滑。

❶ ASR 的功能

(1)使车辆能够安全地起步或加速。

(2)保持汽车驱动时的方向控制能力,提高汽车的操控性。

(3)尽可能利用车轮—路面间纵向附着能力,让发动机提供最适当的驱动力,以便在汽车的驱动轮上获得尽可能大的驱动力,达到良好的加速性能。

(4)有助于避免车辆在急加速转弯时发生甩尾。

(5)改善了燃油经济性,减少了轮胎磨损,提高汽车的安全性能。

❷ ABS 与 ASR 的比较

(1)ABS与ASR的共同点。ABS和ASR都是用来控制车轮相对地面的滑动,以使车轮与地面的附着力不下降;都是通过控制作用于被控制车轮的转矩,将车轮滑移率控制在设定的理想范围之内,从而缩短汽车的制动距离或提高汽车的加速性能,改善汽车的行驶方向稳定性和转向操纵稳定性。两个系统都有自检、报警功能。

(2)ABS与ASR不同之处:

①ABS对驱动车轮和非驱动车轮都进行控制,而ASR只对驱动车轮进行控制,且有选择开关,控制其使用时机。

②ABS控制的是汽车制动时车轮的"拖滑",主要是用来提高制动效果和确保制动安全。ASR是控制车轮的"滑转",用于提高汽车起步、加速及在滑溜路面行驶时的牵引力和确保行驶稳定性。

③ABS控制期间,离合器通常处于分离状态,发动机处于怠速运转状态,传动系统无工作载荷,各车轮间无相互影响。ASR控制期间,离合器则处于接合状态,发动机的惯性会对ASR控制产生较大的影响。

④ABS控制期间,汽车传动系统的振动较小,由此对ABS控制产生的影响也较

小。ASR 控制期间,很容易使传动系统产生较大的振动,对 ASR 控制产生的影响也就很大。

2 电子制动力分配装置(EBD)的工作原理

汽车制动要稳定性好,就需要避免侧滑。侧滑即汽车发生横向滑动,要避免侧滑,关键在后轮。汽车高速时制动出现后轮侧滑是最危险的情况,它会令整车发生无法控制的回转运动,极易发生碰撞事故。

通常情况下,由于四个轮胎附着地面的条件不同,因此,汽车制动时,很容易因轮胎与地面的摩擦力不同,产生打滑、倾斜和侧翻等现象。制动过程中,若后轮比前轮提前先抱死,哪怕快 0.5s,车轮就会立即丧失承受侧向力的能力,汽车在横向干扰力作用下也将发生甩尾或回转运动,制动时车速越高这种现象越严重。所以,后轮先抱死极易导致车辆失去制动的平稳性。

为防止制动时后轮先制动,研制了专门检测后轮制动情况的电子制动力分配装置。电子制动力分配装置简称 EBD,全称是 Electronic Braking Distribute。某些汽车品牌将 EBD 称为 EDS,中文简称电子差速锁。

❶ EBD 的功能

(1)EBD 调整制动系统液压分配,使前、后轮的液压接近理想化的分布,从而防止车辆后轮先抱死而产生滑移。同未带 EBD 的车辆相比,有 EBD 的车辆可以更好地利用地面附着力,汽车制动性能更稳定。

(2)当车辆转弯制动时,它还控制左右轮的制动力以帮助稳定车辆行驶。

❷ EBD 的工作原理

制动时,车辆的质量和路面条件不同会引起前后轮之间的滑动差。如图 7-2 所示,EBD 的 ECU 接收前后车轮的转速信号,自动以前轮为基准去比较后轮轮胎的滑移率。当后轮的滑移率与前轮相比大于一定技术参数时,ECU 利用电磁阀增大或保持制动轮缸压力,控制制动力在前后、左右四个车轮制动器之间的分配,以使各个车轮滑移率相等,防止后轮先抱死。当由于轮胎打滑,轮速低于一定技术参数时,系统进入 ABS 操作模式。

如果 EBD 有故障,EBD 警告灯亮起。有些汽车没有单独的 EBD 故障警告灯,则通过 ABS 警告灯和制动警告灯亮起,以及多信息显示屏(带多信息显示屏的车辆)显示警告信息。

❸ EBD 和 ABS 的区别

(1)EBD 在汽车制动时即开始控制制动力,而 ABS 则是在车轮有抱死倾向时开始工作。

(2)EBD 功能集成在 ABS 正常控制作用逻辑之内,EBD 实际上是 ABS 的辅助功能,它可以改善并提高 ABS 的功效。EBD 是 ABS 附加的软件功能,无须添加任何硬件。而且使用了 EBD 后,ABS 无须使用感载比例阀和比例阀等机械阀。

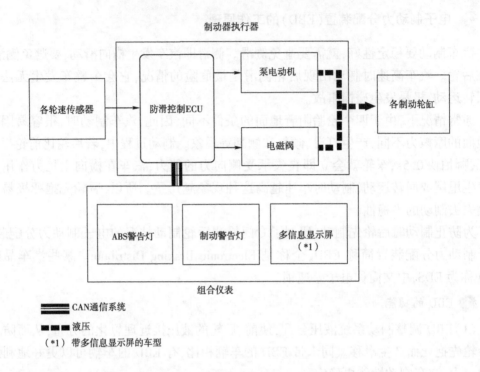

图 7-2　EBD 的组成

(3) EBD 的优点还在于在不同的路面上都可以获得最佳制动效果,缩短制动距离,提高制动灵敏度和协调性,改善制动的舒适性。

(4) 车辆轻微制动,EBD 自动调整不同路况下前后轴的制动力分配比例。如后轮滑移率增大,则调节制动压力,使后轮制动力降低。特别是弯路行驶时,通过轮速传感器,电子控制单元(ECU)计算出车轮的转速和车速,得到四个车轮的滑移率,自动调节前轴、后轴制动力的分配比例,提高制动效能,提高车辆的制动稳定性。

3　制动辅助系统(BA)的工作原理

尽管 ABS 在踏板完全踩下时制动效果达到最大,但如果踏板操纵力过小,它可能会不起作用。BA 是指紧急制动辅助系统,它为不能在紧急制动过程中产生足够大的制动力的驾驶人提供辅助制动力,使车辆的制动性能达到最佳。

当驾驶人需要强行施加制动时,例如开车下坡紧急制动或车辆满载乘客和货物时,控制单元根据踩下制动踏板的速度和力度判断是否施加紧急制动。当 ECU 确定为紧急制动状态时,则控制液压,提供辅助制动力。

引导问题2　ESP有何特点及功能？它包括哪些类型？

1 ESP的特点

ESP是ABS和ASR的升级，但是ESP控制横向滑移，而ABS和ASR是防止在车辆加速或制动时的纵向滑移；ESP属于主动安全系统，而ABS和ASR属于被动安全系统；ABS一般在制动时起作用，ASR一般在加速时起作用，ESP则始终处于工作状态。ESP的特点是实时监控、随时待命、主动干预、预防事故，具体表现如下。

❶ 实时监控

ESP能够时刻监控驾驶人的操控动作、路面反应、汽车运动状态，并不断向发动机和制动系统发出指令。一旦预测到有出现危险的可能性，ESP会立即作出干预，使车辆保持稳定。

❷ 主动干预

ESP最重要的特点就是它的主动性，如果说ABS是被动地作出反应，那么ESP却可以做到防患于未然。ABS在起作用时，系统对驾驶人的动作起干预作用，但它不能调控发动机转速，而ESP则是主动调控发动机的转速并可调整每个轮子的驱动力和制动力，以修正汽车的过度转向或转向不足。

ESP与ABS及牵引力控制系统共同工作，但跟它们不同的是ESP不需要驾驶人对它进行操作，而是根据实际情况主动作出反应。

例如，一辆汽车行驶在路滑的左弯道上，当过度转向使车子向右甩尾时，ESP的传感器"感觉"到了滑动，就迅速让右前轮制动，使汽车产生顺时针方向的转矩，而将汽车保持在原来的车道内；当不足转向使前轮驶离路面而丧失对地面的附着力时，四通道的ESP就让左后轮制动，由此产生逆时针方向的转矩，使汽车回到正确路线上（如果车上装的是双通道的ESP，则会使左前轮制动）。

❸ 事先提醒

ESP还有一个实时警示功能，当驾驶人操作不当和路面异常时，它会用警告灯警示驾驶人。在ABS、ASR和ESP三个系统的共同作用下，可以最大限度地保证汽车不跑偏、不甩尾、不侧翻和转向盘在任何状态下能操纵自如。

2 ESP的功能

ESP可以处理多种异常情况，减轻驾驶人的精神紧张及身体疲劳。

（1）避免侧滑。在路况很差、路面被雨水和冰雪覆盖时，ESP在车辆行驶过程中，始终通过传感器对车辆的动态进行监测，尤其是与转向相关的运行状态，一旦出现不稳定的预兆，ESP对某一个车轮或者某几个车轮进行制动，甚至自动降低发动机的动力输出，无须驾驶人任何动作。这样汽车的行驶安全性大大提高，驾驶人感觉更灵活、更快捷、更安全。

（2）降低汽车突然转向时的危险，提高方向稳定性，降低事故风险。ESP可以辨识汽车的趋向，并且作出反应，它可在单个车轮上施加制动力，从而产生附加横摆调节力矩，帮助汽车回到正确的方向上来。ESP识别出驾驶人的输入与车辆的实际运动不一致，就马上通过有选择的制动或发动机干预来稳定车辆。

（3）制动辅助作用，在ESP控制单元通过制动压力传感器信号确认车辆为紧急制动工况时，制动辅助系统迅速将制动压力提高至ABS工作状态，以使车辆尽快减速，如图7-3所示。

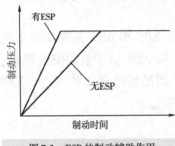

图7-3　ESP的制动辅助作用

3 ESP的类型

目前ESP有三种类型：
(1) 2通道系统。只能对2个前轮独立施加制动力。
(2) 3通道系统。能对2个前轮独立施加制动力，而对后轮只能一同施加制动力。
(3) 4通道或4轮系统。能自动地向4个车轮独立施加制动力。

引导问题3　ESP是如何工作的？

ESP是建立在其他牵引控制系统之上的一个非独立的系统。如图7-4所示，ESP由传统制动系统、传感器、液压调节器、电子控制单元和辅助系统组成。在计算机实时监控汽车运行状态的前提下，对发动机及控制系统进行干预和调控。

ESP主要在以下情况时起作用：躲避前方突然出现的障碍物；在急转弯车道上高速行驶；在地面附着力不同的路面行驶等。

ESP负责实时监控汽车的行驶状态。在紧急闪避障碍物，或在过弯时出现转向不足、转向过度时，ESP都能帮助车辆按照理想轨迹前进。

1 ESP的组成

如图7-5所示，ESP虽然不是一个独立的系统，但其要实现控制功能，所以它也是由传感器、电控单元(ECU)及执行器组成。

2 ESP的传感器

ESP通过传感器时时监控车辆行驶状态、驾驶人驾驶状态和驾驶人行为，通过中央处理器分析传感器传来的信号，从而及时调整车辆的行驶状态，维护车辆的行驶稳定性。

学习任务七　ESP 警告灯点亮的检修

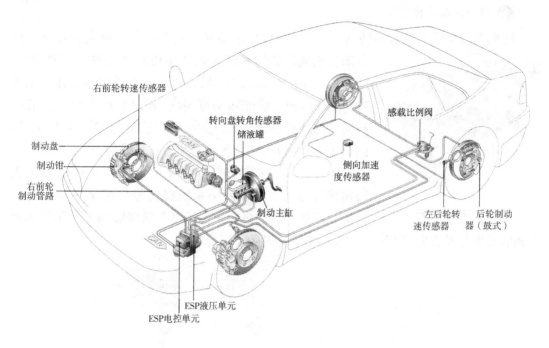

图 7-4　ESP 元件在车辆上的布置

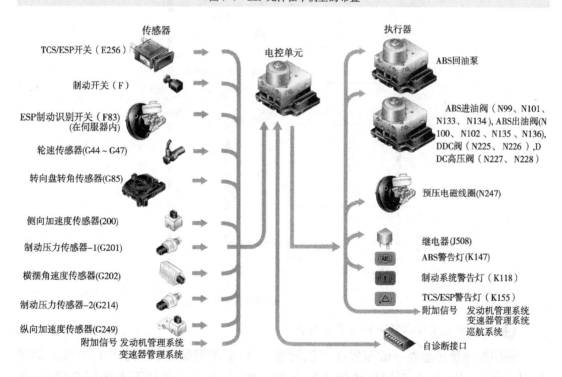

图 7-5　ESP 的组成

1 转向盘转角传感器

转向盘转角传感器监测转向盘旋转的角度,帮助确定汽车行驶方向是否正确。结合来自轮速传感器和转向盘转角传感器的输入信息,ECU 计算出车辆的目标动作。转向盘转角传感器的工作范围为 720°。在转向盘满舵转动范围内,其误差在 5°之内。有些转向盘转角传感器安装位置在转向柱上,如图 7-6 所示,转向开关与转向盘、安全气囊时钟弹簧集成为一体。

图 7-6 转向传感器

2016 款卡罗拉转向传感器电路如图 7-7 所示,转向盘转角传感器通过车载网络系统将信号传输至主车身 ECU 等多个系统。转向盘转角传感器失效将影响 ESP 不能识别车辆的预期行驶方向(驾驶人意愿),导致 ESP 等不起作用。

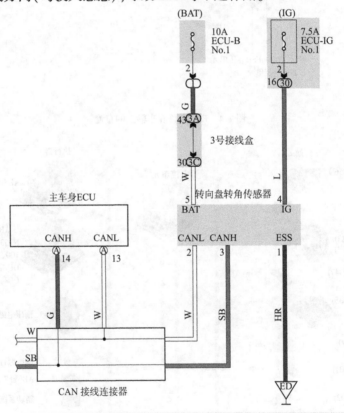

图 7-7 转向传感器的相关电路

2 侧向加速度传感器和横摆率传感器

侧向加速度传感器一般布置在车辆的重心处,有的安装在仪表板中间后侧。如果情况不允许,则可以与车辆摆角传感器合为一体,布置于转向柱下方的安全位置,如图 7-8 所示。侧向(横向)加速度传感器用来确定车辆是否受到使车辆发生滑移作用的侧向力,以及侧向力的大小。

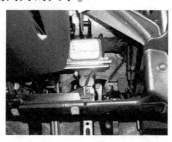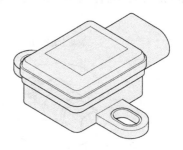

图7-8 侧向加速度传感器安装位置与外形

侧向加速度传感器工作原理如图7-9所示,中间极片在两个串联电容间,可在作用力下运动。电容可吸收一定量电荷。只要没有侧向力作用在中间极片上,则两电容间隙保持恒定,电容相等。中间电极在侧向力作用下,其中一个电容间隙增加,另一个减小,串联电容值也随之改变。最终,电荷的改变决定了侧向力的大小和方向。侧向加速度传感器测量电容器的容量,该电容器依据车辆加速时所产生的重力加速度改变电极之间的距离,并将测量值转换成电信号。

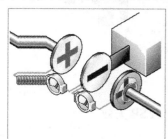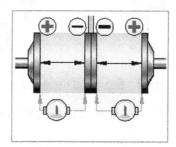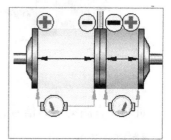

图7-9 侧向加速度传感器的工作原理

横摆率传感器又称侧滑传感器或偏航率传感器,监测汽车转弯时的离心力,记录轿车绕垂直轴线的旋转运动(偏航率),提供转动速率,并确定轿车是否打滑。

卡罗拉1.6L轿车的横摆率传感器和侧向加速度传感器安装左前座椅下,安装时要防止异物黏附到横摆率传感器和侧向加速度传感器支架之间的区域和车身上;不要损坏横摆率传感器和侧向加速度传感器;确保横摆率传感器和侧向加速度传感器安装牢固。

❸ 制动主缸压力传感器

制动主缸压力传感器监测制动力,它可以安装在制动主缸或压力调节器上,如图7-10所示。制动主缸压力传感器将制动系统的实际压力传给电控单元,电控单元相应计算出作用在车轮上的制动力和整车纵向力大小。

制动主缸压力传感器的原理如图7-11所示,在其他因素不变的情况下,电容C的大小由两极间间隙决定,它可吸收一定量电荷。其中一个电极被固定,另一个电极可在压力作用下移动。当压力作用在可移动电极上时,两极间间隙变小,电容增大。压力降低时，两电极间间隙增大，电容减小。通过电容变化，指示压力变化。

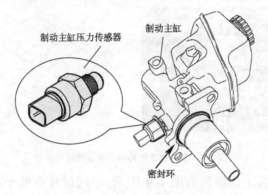

图 7-10　制动主缸压力传感器安装在主缸上

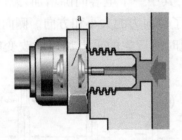 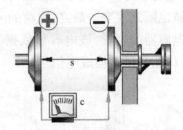

图 7-11　制动主缸压力传感器原理

如果没有制动压力信号，系统无法计算出正确的侧向力，ESP 失效。

❹ ESP 开关

ESP 开关结构如图 7-12 所示，有些 ESP 开关位于仪表板中间的仪表板开关箱上。只要按下该开关，ESP 开关就关闭电子稳定程序。压下开关 1s 可将 ESP 返回到开启的位置。当 ESP 调整工作正在进行或超过一定的车速时，系统将不能关闭。如果驾驶人忘记重新激活 ASR/ESP，再次起动发动机后，系统可被重新激活。

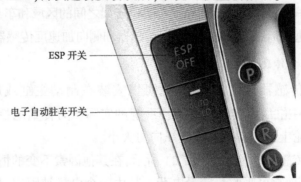

图 7-12　ESP 开关

在下列情况下,有必要关闭 ESP:在积雪路面或松软路面上,让车轮自由转动,前后移动的车辆;安装了防滑链的车辆;在测功机上检测的车辆。

ESP 开关如果失效,ESP 将不起作用,但是自诊断无法发现。

❺ 车轮转速传感器

车轮转速传感器监测每个车轮的速度,确定车轮是否在打滑。如果车轮转速传感器出现故障,ABS 警告灯、TCS/ESP 警告灯将亮起,相关系统关闭。但 EBD(电子制动力分配系统)仍有效。

❻ 车速传感器

车速传感器用于监测车速。

3 ESP 电控单元(ECU)

实际上 ESP 是一套计算机程序,ESP 的电控单元(ECU)通过对从各传感器传来的车辆行驶状态信息进行分析,计算出保持车身稳定的理论数值,再比较由偏航率传感器和侧向加速度传感器测得的数据,进而向 ABS、ASR 发出平衡、纠偏指令,向一个或多个车轮施加制动力,甚至在某些情况下每秒进行 150 次制动,以把车子保持在驾驶人所选定的车道内,帮助车辆维持动态平衡。ESP 的电控单元(ECU)也可像 ABS 的 ECU 一样进行初始检查和自诊断。

4 执行器

ESP 具体的纠偏这样工作是实现的:ESP 通过 ASR 装置牵制发动机的动力输出,同时指挥 ABS 对各个车轮进行有目的的制动,产生一个反偏航转矩,将车辆带回到所希望的行驶曲线上来。比如转向不足时,制动力会作用在曲线内侧的后轮上;而在严重转向过度时,会出现甩尾,这种倾向可以通过对曲线外侧的前轮进行制动加以纠正。

❶ 液压调节器

液压调节器是 ESP 控制系统的主要执行机构,液压调节器执行 ECU 指令,并通过电磁阀调整各车轮制动轮缸的制动力。液压调节器位于发动机舱,布置在制动主缸与车轮制动轮缸之间,因此,缩短了制动主缸与车轮制动轮缸之间的制动管路。只是为了提高响应速度,ESP 控制系统的液压调节器比 ABS/ASR 液压调节器多了预压泵和压力生成器。

带有 ESP 功能伺服器不同于传统的制动助力器,在紧急情况下(急踩制动踏板时),可实现快速升压。助力器在无制动踏板触动时,无助力,靠控制单元内的液压泵建立预压力。

❷ 故障灯

ESP 的故障警告灯也是在仪表内,其图形如图 7-13 所示。卡罗拉 1.6L 轿车的 ESP 的

a) 车身稳定控制系统关　　b) 车身稳定控制系统指示灯

图 7-13　ESP 故障警告灯

ECU 通过 CAN 通信系统连接到组合仪表。如果 ESP 的 ECU 存储了 DTC，ESP 故障警告灯闪烁且在组合仪表的多信息显示屏上显示警告信息。按下 ESP 开关关闭 ASR，按下并按住此开关将关闭 ASR 和 ESP。如果 ESP 控制关闭，故障警告灯将亮起。

❸ ESP 警告蜂鸣器

ESP 工作时，ESP 警告蜂鸣器会发出声音来提醒驾驶人。

5 ESP 的工作原理

❶ 满足下列条件时，ESP 才起作用

(1) ESP OFF 开关未关闭。
(2) 车辆为前进的行驶状态（倒车时，ESP 不起作用）。
(3) 下列参数完成零点设置，并进行了存储：
①液压传感器压力值；
②横摆角速率；
③横向加速度；
④转向盘转角。
(4) 车辆行驶速度大于 15km/h（ABS 作用最低 10km/h）。
(5) 系统未检测到相关传感器断路或短路。

❷ ESP 的控制原理

(1) 识别。如图 7-14 所示，ESP 首先通过转向盘转角传感器及各车轮轮速传感器识别驾驶人转弯方向（驾驶人意愿）；ESP 通过横摆角速度传感器，识别车辆绕垂直于地面轴线方向的旋转角度及侧向加速度传感器识别车辆实际运动方向。

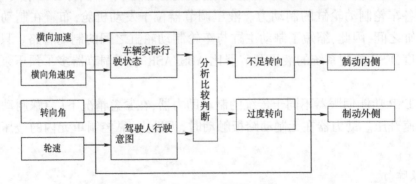

图 7-14　ESP 的控制原理

(2)对比。ESP 将识别的车辆实际行驶状态和驾驶人行驶意图进行对比,判断是否出现不足转向或过度转向。

(3)发出指令。若 ESP 判定为出现不足转向,将制动内侧后轮,使车辆进一步沿驾驶人转弯方向偏转,从而稳定车辆。若 ESP 判定为出现过度转向,ESP 将制动外侧前轮,防止出现甩尾,并减弱过度转向趋势,稳定车辆。如果单独制动某个车轮不足以稳定车辆,ESP 将通过降低发动机转矩输出的方式或制动其他车轮来满足需求。

❸ ESP 的工作策略

如图 7-15 所示,当后轮滑动,侧滑产生向外侧甩尾,导致车轮过度转向,会产生向理想行驶曲线内侧偏离的倾向;前轮滑动导致转向不足,会产生向理想轨迹曲线外侧偏离的倾向。ESP 对不足转向和过度转向的控制方法如下。

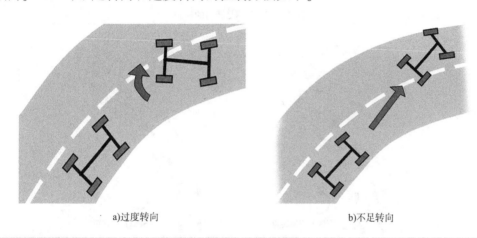

a)过度转向　　　　　　　　　b)不足转向

图 7-15　车轮侧滑的影响

(1)转向不足时的控制策略。ESP 判别汽车具有较大的不足转向倾向,如图 7-16 所示,控制系统会自动对位于弯道内侧的后轮实施瞬时制动,以产生预定的滑移率,导致该车轮受到的侧向力迅速减少而纵向制动力迅速增大,于是产生了一个与横摆方向相同的横摆转矩,此外还获得了两个附带的减少不足转向倾向的因素。首先,由于制动而使车速降低;其次,由于差速器的作用,对内侧后轮制动从而导致外侧后轮被加速,即外侧后轮受到的驱动力增加而侧向力减少,于是产生了一个期望的横摆转矩。

(2)过度转向时的控制策略。如图 7-17 所示,在出现过度转向时,驱动力分配系统会降低驱动转矩,以提高后轴的侧向附着力。地面作用于后轴的侧向力相应提高,从而产生一个与过度转向相反的横摆转矩。位于弯道外侧的非驱动前轮开始时几乎不滑动,若仅依靠动力分配系统还不能制止开始发生的不稳定状态,控制系统将自动对该前轮实施瞬时制动,使它产生较高的滑移率,导致该车轮受到的侧向力迅速减少而纵向制动力迅速增大,于是也产生一个与横摆方向相反的横摆转矩。由于对一个前轮制动,车速也会降低,从而获得了一个附带产生的有利于稳定性的因素。

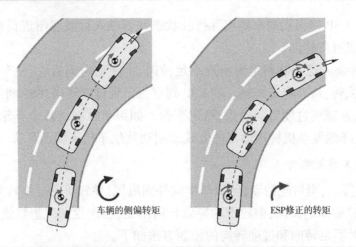

图7-16 ESP对不足转向的控制

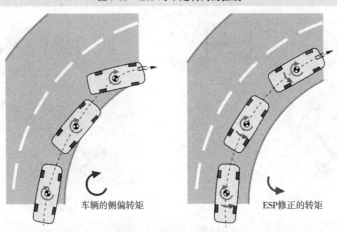

图7-17 ESP对过度转向的控制

4 ESP的实际工作情况

（1）避让始料不及的障碍物。汽车在长而平整的路面上交替进行着超车和变道，突然出现一个障碍物。没有装备 ESP 的车辆在避让障碍物时会出现以下情况：如图7-18a）所示，①紧急制动，猛打转向盘，由于汽车行驶时向前的惯性，车辆转向不足。②车辆继续冲向障碍物，驾驶人反复打转向盘，以求控制车辆，车辆避开障碍物。③当驾驶人尝试恢复正常的行驶路线时，车辆产生侧滑。

如图7-18b）所示，装备有 ESP 的车辆在避开障碍物时会出现以下情况：紧急制动，猛打转向盘，车辆有转向不足的倾向；增加左后制动压力，车辆按照转向意图行驶；恢复正常的行驶路线，车辆有转向过度的倾向，在左前轮上施加制动力；车辆保持稳定。

（2）路程的错误估计。行驶于蜿蜒曲折的山路，下一弯道始料不及地出现。如图7-19a）所示，没有装备 ESP 的车辆跑偏（转向不足），即前轮偏离弯道，车辆失去控制。一旦驶入干燥的沥青路面，车辆就开始打滑。如图7-19b）所示，装备 ESP 的车辆，在车辆表现转向不足的趋势,即将跑偏时,增加右后轮制动力的同时降低发动机转矩,使车辆保持稳定。

a)未安装ESP　　　　　　　　　　　b)安装ESP

图7-18　避开障碍物时ESP的功用

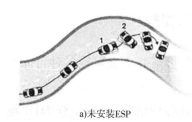
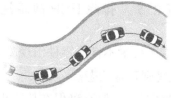

a)未安装ESP　　　　　　　　　　　b)安装ESP

图7-19　在多变的路面上行驶

引导问题4 ESP故障检测流程是怎样的?

ESP故障检测流程和ABS故障检测流程相同,检测时可以参考ABS故障检测流程图。

二、实 施 作 业

引导问题5 作业需要哪些工具、设备和材料?

（1）智能诊断仪器。
（2）磁力护裙、转向盘防尘罩、变速杆手柄套、驻车制动拉杆套、脚垫和座椅套、干净抹布。
（3）举升机。
（4）卡罗拉1.6L轿车维修手册。

引导问题6 通过查询和查找填写以下信息。

生产年份_____,车牌号码_____,行驶里程_____km,发动机型号及排量_____,车辆识别代号(VIN)_____。

引导问题7 作业前的准备工作有哪些？

（1）汽车进入工位前，将工位清理干净，准备好相关的器材。

（2）将汽车停在举升机中央位置，将举升机升起至车轮悬空。

（3）将变速杆置于空挡或 P 挡。

（4）套上转向盘防尘罩、变速杆手柄套和座椅套等，铺设脚垫。

（5）粘贴翼子板和前脸磁力护裙。

引导问题8 排除 ESP 故障注意事项有哪些？

（1）当端子接触不良或零件出现安装故障时，拆下并安装可疑零件可能会使系统完全或暂时恢复到正常状态。

（2）为确定故障部位，确保在故障出现时检查各种情况，例如检查 DTC 输出和定格数据，并在断开各个插接器或拆下及安装零件前作记录。

（3）由于系统会受其他非 VSC（丰田车称电子稳定程序为 VSC，下同）系统故障的影响，所以一定要检查其他系统中的 DTC。

（4）除非另有要求，否则不要拆卸或安装诸如转向角传感器或横摆率传感器（包括加速度传感器）等 VSC 零件，因为这些零件在拆下和安装后不能被正确调整。

（5）对 VSC 进行操作时，确保按照维修手册中的方法在工作前做好准备工作，并在工作完成后进行确认。

（6）除非检查程序中有特殊规定，否则应确保在发动机关闭的情况下拆下和安装 ECU、制动器执行器和各传感器等。

（7）如果 ECU、制动器执行器或传感器已被拆下并安装，有必要在重新装配零件后检查系统是否有故障。使用智能检测仪检查 DTC，并使用测试模式检查并确认系统功能和 ECU 接收到的信号正常。

（8）如果故障零件的 DTC 清除后再次出现，则会再次存储。仅通过更换故障零件不能清除某些 DTC 警告。如果维修工作完成后仍显示警告信息，则在清除 DTC 程序前将发动机开关置于 OFF 位置。

（9）为实现 CAN 通信，CAN 通信线路使用了特种电线。用于各通信线路的电线为同等长度的双绞线。最好不要使用其他类型的线束，因为这样会破坏正在传送中的数据。

（10）使用智能检测仪读取数据表，可以读取开关、传感器、执行器及其他项的数值或状态，而无须拆下任何零件。这种非侵入式检查非常有用，因为可在扰动零件或配线之前发现间歇性故障或信号。在故障排除时，尽早读取数据表信息是节省诊断时间的方法之一。

学习任务七 ESP警告灯点亮的检修

引导问题 9 怎样执行横摆率传感器和加速度传感器的零点校准?

更换 ESP 相关部件或执行前轮定位调整后,要进行零点校准,清除并读取传感器校准数据。使用智能检测仪时,获取横摆率传感器和加速度传感器的零点的方法:获取零点时,使车辆保持静止状态,不要起动发动机,不要振动、倾斜、移动或摇动车辆,一定要在坡度为 1°内的水平表面上执行此程序。

1 清除零点校准数据

(1)将发动机开关置于 OFF 位置。
(2)检查并确认转向盘处于正前方位置。
(3)检查并确认变速杆置于 P 挡。
(4)将智能检测仪连接到 DLC3。
(5)将发动机开关置于 ON (IG) 位置。
(6)接通智能检测仪。
(7)用智能测试选择防滑控制 ECU 以清除零点校准数据。进入以下菜单项:Chassis/ABS/VSC/TRC/Reset Memory。
(8)将发动机开关置于 OFF 位置。

如果清除横摆率传感器和加速度传感器零点后,在变速杆置于 P 位时将发动机开关置于 ON 位置 15s 以上,将仅存储横摆率传感器的零点。如果在这些条件下驾驶车辆,防滑控制 ECU 会将加速度传感器的零点校准状态记录为未完成。然后防滑控制 ECU 还会通过指示灯和多信息显示屏将此状态指示为 VSC 系统的故障。

2 执行横摆率传感器和加速度传感器的零点校准

(1)将发动机开关置于 OFF 位置。
(2)检查并确认转向盘处于正前方位置。
(3)检查并确认变速杆置于 P 挡。
小心:如果变速杆不在 P 挡,将存储 DTC C1210/36 和 C1336/39。
(4)将智能检测仪连接到 DLC3。
(5)将发动机开关置于 ON (IG) 位置。
(6)接通智能检测仪。
(7)使用智能检测仪将防滑控制 ECU 切换至测试模式。进入以下菜单项:Chassis/ABS/VSC/TRC/Test Mode。
(8)进入测试模式后,使车辆在水平位置保持静止状态 2s 或更长时间。
(9)检查并确认测试模式下 VSC OFF 指示灯亮起数秒后闪烁,且多信息显示屏上显示测试模式信息。

(10)将发动机开关置于 OFF 位置,并断开智能检测仪。

引导问题10　如何检修卡罗拉1.6L轿车ESP故障警告灯点亮的故障?

当ESP故障警告灯点亮时,需根据ESP故障检测流程图进行检测。

(1)汽车送入维修车间。客户如有预约,应提前做好准备工作,例如准备相应的工位及维修手册等(若与ABS故障诊断类似,以下则省略)。

(2)记录客户的车辆故障特点。

(3)初步检查。初步检查与ABS类似,不同的是将发动机开关置于ON位置时,应检查并确认ABS警告灯、制动警告灯、VSC OFF(ESP)指示灯和打滑指示灯亮起约3s。

如果ECU存储了任何DTC,ABS警告灯、制动警告灯和打滑指示灯将亮起,而且VSC OFF指示灯将闪烁。

如果车辆装备了多信息显示屏,并且车辆存储了DTC,主警告指示灯将亮起,且多信息显示屏将指示出现了故障。在这种情况下,ABS警告灯、制动警告灯和打滑指示灯也将亮起。

(4)检查DTC和定格数据。下面以DTC C1246/46 主缸压力传感器故障为例,介绍ESP故障警告灯点亮后的检修。

(5)症状模拟。

(6)查看诊断故障码表。

DTC C1246/46 的检测条件及故障部位见表7-1。

ESP DTC 检测条件及故障部位摘录　　　　　　　　　　表7-1

DTC 代码	DTC 检测条件	故障部位
C1246/46	检测到以下任一条件时: (1)在7km/h 或更高的车速下,当PMC 端子电压高于0.86V 时,该电压的变化幅度低于0.005V 持续 30s; (2)5s 内,在PMC 端子中出现噪声7次或更多次; (3)当制动灯开关置于OFF 位置时,PMC 端子电压高于0.86V 或低于0.3V,并持续5s 或更长时间; (4)IG1 端子电压处于9.5~17.2V 时,VCM 端子电压不在 4.4~5.6V 持续1.2s 或更长时间; (5)VCM 端子电压处于4.4~5.6V 时,PCM 端子电压不在0.14~4.85V 持续1.2s 或更长时间	制动灯开关电路; 主缸压力传感器电路; 制动器执行器总成

(7)查看诊断症状表。ESP出现无故障码的故障时,可查找维修手册上的故障症状表,见表7-2。

学习任务七　ESP警告灯点亮的检修

ESP故障症状表摘录　　　　　　　　　　　　　　　　　　　　　表 7-2

症　　状	可疑部位
ABS、BA 和/或 EBD 不工作	再次检查 DTC,并确保输出正常系统代码
	IG 电源电路
	前轮转速传感器电路
	后轮转速传感器电路
	用智能检测仪检查制动器执行器总成。如果异常,则检查液压回路是否泄漏
	如果上述可疑部位中的电路检查完毕且证明一切正常,而症状仍然存在,则更换制动器执行器总成(包括 ECU)
VSC OFF 指示灯一直亮	VSC OFF 指示灯电路
	制动器执行器总成

(8) 电路检查及故障识别。DTC C1246/46 主缸压力传感器检测流程如图 7-20 所示。

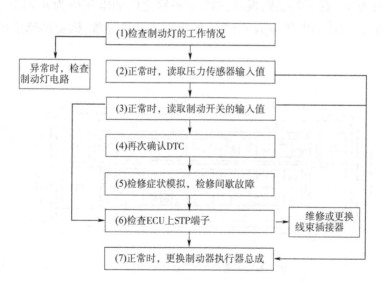

图 7-20　故障代码 C1246 检测流程

①检查制动灯的工作情况。踩下制动踏板时,制动灯应亮;松开制动踏板时,制动灯应灭。否则检修制动灯电路。

②读取智能检测仪上制动主缸压力传感器值。选择智能检测仪上的 Data List 模式,制动主缸压力传感器的电压应在 0~5V,松开制动踏板时,制动主缸压力传感器的电压应在 0.3~0.9V,制动踏板踩下时读数应增大。否则,更换制动器执行器总成。

③读取智能检测仪制动灯开关值。踩下制动踏板时,检查并确认在智能检测仪上观察到的制动灯状态改变。踩下制动踏板时,智能检测仪显示"ON";松开制动踏板时,显示"OFF"。

④再次确认 DTC：

a. 将发动机开关置于 OFF 位置。

b. 清除 DTC。

c. 起动发动机。

d. 车速为 30km/h 或更高时,通过踩下制动踏板来使车辆减速进行制动测试。

e. 检查是否记录同一 DTC。未输出 DTC 时,通过症状模拟检查是否存在间歇性故障;输出 DTC 时,更换制动器执行器总成。

⑤检修症状模拟,检修间歇故障。

⑥检查 ECU STP 端子：

a. 将发动机开关置于 OFF 位置。

b. 断开防滑控制 ECU 插接器。

c. 如图 7-21 所示,踩下制动踏板时,STP 和搭铁之间的电压应为 8~14V;松开制动踏板时,STP 和搭铁之间的电压应为 1.5V。如果测量结果异常,则要维修或更换线束或插接器。

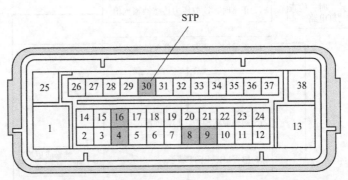

图 7-21　测量 STP 与搭铁之间的电压

⑦正常时,更换制动器执行器总成。

(9)维修或更换。

(10)确认测试。试车确认故障不重现。

三、评价与反馈

(1)对本学习任务进行评价,见表 7-3。

评 分 表　　　　　　　　　　　　　　　　　　　　表7-3

考核项目	评分标准	分数	学生自评	小组互评	教师评价	小计
团队合作	是否和谐	5				
活动参与	是否积极主动	5				
安全生产	有无安全隐患	10				
现场5S	是否做到	10				
任务方案	是否正确、合理	15				
操作过程	检查间歇性故障 初步检查； ESP故障警告灯的初始检查； ESP故障警告灯点亮故障的排除	30				
任务完成情况	是否圆满完成作业	5				
工具和设备使用	是否规范、标准	10				
劳动纪律	是否能严格遵守	5				
工单填写	是否完整、规范	5				
	总分	100				
教师签名：			年　　月　　日		得分	

(2)能否向车主解释ESP的工作过程？如不能，分析原因？

参 考 文 献

[1] 文定凤,杨长忠.汽车底盘构造与维修[M].北京:机械工业出版社,2018.

[2] 刘建华.汽车底盘构造与维修[M].3版.北京:机械工业出版社,2017.

[3] 王盛良.汽车底盘构造与维修[M].3版.北京:机械工业出版社,2019.

[4] 王囡.汽车故障诊断与检测技术[M].2版.北京:人民交通出版社股份有限公司,2016.

[5] 王林超,陈德阳.汽车构造(下册)[M].2版.北京:人民交通出版社股份有限公司,2016.

[6] 沈沉.汽车底盘构造与维修[M].3版.北京:人民交通出版社股份有限公司,2016.

[7] 徐华东.汽车底盘构造与维修[M].2版.北京:人民交通出版社股份有限公司,2016.

[8] 胡建军.思维与汽车维修[M].3版.北京:机械工业出版社,2015.

[9] 杨永海,王毅.汽车维修与检测实训[M].济南:山东科学技术出版社,2008.